경제 성장이라는 괴물

나는 인류가 충분한 시간이 흐른 뒤에는
이상적인 사회를 이룩할 것이라 믿는다.
하지만 지금과 같은 속도로 환경이 파괴된다면
시간은 충분하지 않다.

제인 구달

청소년 지식수다 6

경제 성장이라는 괴물

실비 뮈니글리에·브누아 브로이야르 지음 | 김보희 옮김 | 윤순진 감수

내인생의책

최근 많은 사람이 '지속가능한 발전'이란 말을 사용한다. 그런데 이 말은 누가 사용하느냐에 따라 의미가 달라진다. 어떤 이들은 '지속적인 발전이 가능하다'란 뜻으로 사용하고, 다른 이들은 '지속적인 성장이 가능하다'는 의미로 사용한다. 자기 관점에서 자신이 원하는 대로 지속가능한 발전이란 말을 사용하는 것이다. 하지만 지속가능한 발전은 기존의 성장일변도 경제 활동이 환경오염과 사회 불평등을 심화시키는 상황에 대한 성찰에서 나온 개념이다. 이제까지 취해온 성장 방식에서 벗어날 것을 요청하는 개념이며, 인간 사회의 지속가능성과 다른 생물종의 지속적인 생존가능성에 대한 진지한 고민이 담긴 개념이다. 인간의 필요를 넘어선 욕망을 위한 성장지향적인 개발을 되풀이하는 게 아니라 환경적으로 건전하고 사회적으로 형평성 있는 새로운 방식의 발전을 추구한다. 그래서 지속가능한 발전은 이 책에서 소개하고 있는 "탈성장주의"를 지향한다.

지속가능한 발전이란 개념은 80년대 초에 등장했고 1987년 유엔 산하 세계환경발전위원회가 펴낸 〈우리 공동의 미래(Our Common Future)〉라는 보고서에서 정의되어 세계에 알려졌다. 벌써 30년 가까운 역사를 지닌 개념이다. 아니, 이 책에 소개된 것처럼 지속가능한 발전이란 용어로 표현하지는 않았지만 헨리 데이비드 소로에까지 거슬러 올라가면 200년이 다 되어 간다. 그러나 환경오염은 여전히 진행 중이다. 심지어 한국이나 중국처럼 환경에 부정적인 핵발전을 확대하는 국가들도 있다. 체르노빌 핵발전 사고나 후쿠시마 핵발전 사고와 같은 역사로부터 아무것도 배우지 않는다면 처참한 역사는 되풀이될 것이다.

이 책은 "지속가능한 발전"이란 개념이 어떻게 생겨났고 어떤 의미인지 설명한다. 단지 환경만이 아니라 다양한 사회 현상을 지속가능한 발전과 연결해 보여준다. 또, 어떻게 사는 것이 인간다운 삶인지를 지속가능한 발전이란 개념을 통해 보여준다. 우리 삶의 전 영역에 걸쳐 무엇을, 왜 고민해야 하는지 안내하는 훌륭한 길잡이다. 중3 딸을 키우는 엄마로서 이 책을 딸아이에게 권하고 싶었다. 우리는 아름다운 세상에서 행복하게 살기를 희망한다. 아름다운 세상이란 어떤 세상이며 우리가 추구해야 할 행복이란 어떤 가치일까? 아마도 사람마다 생각이 다를 것이다. 그러나 우리가 살고 있는 이 지구가 우리를 부양할 능력이 무한하지 않다는 사실을 기억한다면, 자원의 낭비가 뒤따르는 소유와 소비가 행복을 보증하지 않음을 인식한다면, 우리 모두의 삶은 달라질 것이다. 더 많은 청소년이 이 책을 통해 세상을 다르게 읽는 눈을 길러 더 가치 있는 삶을 준비하는 지혜를 넓혀 가기를 희망한다.

윤순진 서울대학교 환경대학원 교수

인터넷 포털사이트에 접속하면 온갖 종류의 광고가 화면을 가득 채운다. 요즘엔 워낙 다양한 광고들이 존재하지만 어떤 광고는 "이 상품을 구매하면 환경을 살릴 수 있습니다!"와 같은 말로 우리의 시선을 끌기도 한다. 이 광고들을 보면 마치 그 물건을 사기만 하면 지구 환경이 저절로 정화될 것만 같다. 상품을 팔기 위한 광고일 뿐인데도 말이다. 각 회사의 마케팅 담당자들은 '환경 보호'를 빌미로 물건을 팔아먹기 위해 혈안이 되어 있다. 우리도 모르는 새에 환경이라는 말만 붙이면 무엇이든 잘 팔리는 세상이 되어 버린 것이다. 그만큼 환경 문제가 우리에게 절실하고 중요한 문제가 되었다는 것을 방증한다.

환경 오염은 자본주의 사회가 낳은 병폐다. 자본의 논리에 따라 이루어져 온 발전이 지독한 환경 문제를 양산해 냈고 인류는 심각한 오염 속에서 스스로 멸망할 수 있다는 위기감을 가지게 되었다. 지속가능한 발전이란 바로 이러한 분위기 속에서 생겨난 개념이다. 지속가능한 발전은 자본주의를 대체하는 또 다른 세상을 만들기 위한 노력으로 금융 위기, 부동산 문제, 에너지 위기, 전염병 확산과 같은 현대 사회의 문제를 해결하기 위해 등장했다.

그렇다면 소비지향적인 자본주의적 삶을 포기하고 지속가능한 발전을 이룩할 수 있을까? 흔히 생각하는 것처럼 자원을 아끼고, 환경 보호 상품을 구매하고, 보보족처럼 살아가기만 하면 지속가능한 발전을 이룰 수 있을까? 만약 이런 노력만으로는 지속가능한 발전을 이룰 수 없다면 우리는 어떻게 해야 할까?

이 책을 읽는 동안, 여러분은 A부터 Z까지 알파벳순으로 정리된 환경 관련 키워드들과 만나게 될 것이다. 환경과 연관된 키워드를 통해 많은 사람들이 중요하다고 말하지만 사실은 제대로 알려지지 않은 '지속가능한 발전'의 개념에 대해 충분히 이해하게 될 것이다.

특히 이 책은 여러분이 여태껏 잘 몰랐고, 의문조차 품어 보지 않은 환경 문제들에 대해 자세히 설명한다. '사회적 연대 경제란 무엇인가?' '대안 세계화란 무엇인가?'와 같은 질문들이 그 예라 할 수 있다. 이 책은 이 모든 질문에 답할 준비가 되어 있다. 자, 이제 세상을 바꾸는 구체적인 길을 생각해 볼 시간이다. 지속가능한 발전의 세계에 온 것을, 또 다른 세상에 발 딛게 된 진심으로 환영한다. 여러분이 그 아름다운 세상을 자신의 것으로 만들어 갈 수 있기를 간절히 바란다!

차례

차 례

대안 세계화

신자유주의는 부(富)가 소수의 부자들에게만 집중되게 만들었다. 지구를 엉망으로 만들어 버린 신자유주의적 세계화에 이제는 안녕을 고하자!

Alter globalization

1970년대 세계를 위협했던 경제 위기가 지나가자 소위 '신자유주의'가 전 세계를 휩쓸었다. 신자유주의자들은 국가가 경제에 최소한으로만 개입해야 하고, 모든 나라가 규제 없이 자유롭게 무역 거래를 해야 한다고 생각했다. 신자유주의는 금세 전 세계로 퍼져 나갔고, 세계화라는 이름으로 나라와 나라 사이에 활발한 무역이 시작되었다.

하지만 신자유주의로 생겨난 세계화는 많은 문제를 낳았다. 엄청난 자본을 가진 초국적 기업이 우후죽순 생겨났고, 이 초국적 기업들은 막대한 돈을 무기로 가난한 나라의 경제 질서를 망가뜨려 놓았다. 경제적으로 초국적 기업에 의존하게 된 가난한 나라의 국민들은 거의 식민지나 다름없는 경제 상황 속에서 현재도 어렵게 살아가고 있다.

대안 세계화 운동은 바로 이렇게 잔혹한 신자유주의적 세계화에 반대하여 생겨난 흐름이다. 대안 세계화 운동은 모든 사람이 일상생활을 영위하는 데 꼭 필요한 기본적인 경제적 안정을 누리는 세상을 주장한다. 다시 말해서 인류 전체의 사회 경제적 해방을 주장하는 셈이다. 이러한 목표를 이루려면 경쟁만을 부추기는 경제 제도와 비인간적인 신자유주의적 시장 원리를 이 세상에서 퇴출해야 한다. 그렇다면 그것들이 빠져나간 빈자리에는 무엇을 채워야 할까?

섭지 않은 질문이지만 확실한 것이 하나 있다. 지금의 생산 방식이나 소비지상주의와는 전혀 다른 새로운 발전을 추구해야 한다는 점이다. 그러기 위해서는 '발전'에 대한 근본적 재정의가 필요하다. 대안 세계화 운동은 현재까지와는 전혀 다른 새로운 방식의 '지속가능한 발전'을 지향하고 있다. 대안 세계화 운동은 지속가능한 발전을 위해 다음과 같은 실천을 하고 있다.

우선 대안 세계화에는 국경이 없다. 대안 세계화 운동은 단순히 한 사회나 국가의 차원에 머무르지 않는다. 유럽, 북미, 남미, 아시아 등 전 세계 다양한 지역을 아우르는 폭넓은 운동인 셈이다. 대안 세계화를 주창하는 사람들은 수년간의 경험 끝에 새로운 세상을 만드는 길이 예상보다 훨씬 멀고 험난하다는 사실을 깨닫게 됐다. 그래서 이들은 힘을 모으기로 했다. 대안 세계화 운동가들은 2001년부터 매년 세계사회포럼(World Social Forum)을 열어, 여러 주제에 대해 함께 모여 논의하고 해결책을 모색하는 자리를 마련하고 있다. 2013년에는 아프리카의 튀니지에서 제11회 세계사회포럼이 개최되어 식량 주권 문제, 여성의 사회적 역할, 인류의 공동 자원(건강, 교육, 물, 기후, 생물 다양성 등) 등 다양한 주제로 토론이 이루어졌다.

한편 세계 곳곳에서는 대안 세계화를 위한 집회가 열리기도 한다. 2009년 덴마크 코펜하겐에서는 유엔(UN)기후변화협약 당

사국총회가 열렸다. 당시 코펜하겐에는 10만여 명의 대안 세계
화주의자와 환경주의자가 약 67개국에서 모여들었다. 그들은
회의장 앞에 집결해 환경 문제의 해결과 지속가능한 발전을 주
장하는 시위를 벌였다.

한국에도 대안 세계화 운동을 이끌어 가는 수많은 단체가 있
다. 그중 대표적인 예로 '사회진보연대'를 꼽을 수 있다. 사회진
보연대는 빈곤과 양극화를 심화시키는 신자유주의에 반대하는
운동을 펼치는 동시에 여성, 이주 노동자와 같은 사회적 약자의
인권 문제에 관해서도 진지하게 고민하고 있다. 또한 신자유주
의의 물결 속에서 파괴되는 자연 환경과 생태계 문제를 해결하
고 지속가능한 발전을 이루는 새로운 세상을 만드는 데에 큰 힘
을 보태고 있다.

●연관 키워드

대안 세계화 | 싸구려 고기 | 보보족 | 번아웃 증후군 | 헌장 | 합의 | 퇴비화 화장실 | **협동** | 탈성장 | D.I.Y.
집짓기 | 생태 발자국 | 공정무역 | 거버넌스 | 온실가스 | 그린 태그 | **그린피스** | 그린워싱 | 소유 | 허브 오
일 | 주택 | 빨리빨리 | 무한성 | 투자 | 쓰레기 | 킬로와트 | 1901년 법 | 원산지 | 존 뮤어 | 상리 공생 | 자연
농업 | 이의 | 공원 | 독성 | **진보** | 품질 | 재생 가능 에너지 | 체념 | 제6의 대륙 | 사회적 연대 경제 | 소셜
펀딩 | **지속가능한 발전** | 텔레비전 | 헨리 데이비드 소로 | 에너지 전환 운동 | 극단적 자연주의 | 도시 계
획 | 여행 | 늑대 | 요거트 | 상업 지구

싸구려 고기

맥도날드, KFC, 버거킹 등 길거리에는 수많은 패스트푸드 전문점이 영업 중이다. 그런데 과연 이런 음식을 매일 먹어도 괜찮은 걸까?

도날드, 우리 얘기 좀 하자.

Bad meat

연속극 〈그린 러브〉
제1화 – 치킨 너겟
촬영지 – 야외 세트, 고등학교 앞에서

리안 가에탕, 요즘 바네사랑은 잘 돼가?

가에탕 그게 말이지. 이제 끝나 버린 것 같아. 나는 바네사가 정말 좋아. 그런데 지난번에 햄버거 집에서 나오다가 마주쳤지 뭐야. 정말 이상한 건 나를 꼭 범죄자 보듯 하더라고.

리안 가에탕, 바네사를 좋아한다면 생활 습관부터 바꿔야겠는데? 바네사는 어마어마한 친환경주의자거든. 바네사와 데이트할 기회를 얻겠다면 치킨 너겟 같은 건 다 끊어야 해.

가에탕 장난치는 거지?

리안 1999년 주간지 〈르 카나르 앙쉐네(Le Canard enchaîné)〉에 기사 하나가 실렸어. 어떤 육류 가공 공장에서 닭 사료용 육골분을 만들 때 분뇨 찌꺼기가 섞여 들어간다는 내용이었지. 꽤 오래전 기사이긴 하지만 어떻게 보면 결국 네 입에도 뭐가 들어갔을지 모른다는 거야.

가에탕 거짓말이지?

리안 진짜야. 프랑스에서 소비되는 전체 육류 중 99.5퍼센트가 공장을 통해 나오고 있다는 걸 생각하면……. 그다음은 네 상상에 맡길게. 아무튼 고기만이 아니라 콩도 문제야.

가에탕 뭐가 문제인데?

리안 프랑스로 수입되는 콩의 85퍼센트가 유전자 변형 식품 (GMO)이거든. 그런데 이 콩을 가축의 사료, 특히 닭 사료로 쓰고 있어. 결과적으로 닭고기를 먹은 너도 유전자 변형 식품의 영향을 받게 된 셈이지. 이런 이유들이 바네사의 심기를 건드리는 것이고.

가에탕 이런!

리안 그게 다가 아니야. 너겟에 들어가는 닭고기는 화학 물질을 섞은 사료를 먹인 닭이야. 가축을 더 빨리 자라게 하려고 사료에 항생 물질을 넣는다는 거야. 참 끔찍하지?

가에탕 왜 바네사가 날 그렇게 쳐다봤는지 이제 좀 알겠다.

리안 나머지는 네가 더 자세히 알아봐. 아르헨티나에서는 전체 국토의 60퍼센트가 유전자 조작 콩을 경작하는 데 사용된대. 그 끔찍한 것들을 기르려고 나무를 마구 베어 내고 있는 거라고.

가에탕 좋은 정보 알려 줘서 고마워. 너한테 예방 주사라도 맞은 기분이야. 앞으로는 햄버거 집에서 나오다가 바네사랑 마주칠 일은 없을 거야. 이제 진짜로 패스트푸드는 끝이야.

리안 잘 생각했어. 아직도 많은 사람이 항생제로 키운 질 나쁜 고기들을 먹고 있어. 매년 수십 억 마리의 동물이 그런 싸 구려 고기가 되고 있지.

가에탕 정말 끔찍하다. 리안, 고마워. 넌 정말 나의 진정한 친구이자, 걸어 다니는 백과사전이야. 이제 내 인생에 치킨 너겟은 다시 없을 거야. 난 바네사가 좋아. 바네사도 그런지는 모르겠지만 어쨌든 나도 언젠가는 채식주의자가 될 거야!

금식을 통한 환경 보호

연말이 되면 송년회를 비롯한 온갖 모임과 파티가 열리게 마련이다. 진수성찬이 함께 따라오는 이런 모임들에서는 과식을 하기 쉽다. 특히, 파티에서는 주로 고기를 많이 먹기 때문에 평소보다 훨씬 많은 양의 동물성 단백질을 섭취하게 된다. 이러한 고기 위주의 폭식 문화에 맞서기 위해서 어떤 사람들은 매우 능동적인 삶의 방식을 실천한다. 바로 연말 동안 금식을 하면서 신년을 맞이하는 것이다. 이 사람들은 친구들과 모여 아무것도 먹지 않고 담소를 나누며 연말 밤을 지새우는 것이 고기의 소비를 줄이고 불필요한 환경 오염도 막을 수 있다고 믿는다.

● **연관 키워드**

대안 세계화 | 싸구려 고기 | 보보족 | 번아웃 증후군 | 헌장 | 합의 | 퇴비화 화장실 | 협동 | 탈성장 | D.I.Y. 집짓기 | **생태 발자국** | 공정무역 | 거버넌스 | 온실가스 | 그린 태그 | 그린피스 | 그린워싱 | 소유 | 허브 오일 | 주택 | 빨리빨리 | **무한성** | 투자 | 쓰레기 | 킬로와트 | 1901년 법 | 원산지 | 존 뮤어 | 상리 공생 | **자연 농업** | 이의 | 공원 | **독성** | 진보 | 품질 | 재생 가능 에너지 | 체념 | 제6의 대륙 | 사회적 연대 경제 | 소셜 펀딩 | 지속가능한 발전 | 텔레비전 | 헨리 데이비드 소로 | 에너지 전환 운동 | **극단적 자연주의** | 도시 계획 | 여행 | 늑대 | 요거트 | 상업 지구

보보족

보보족이란 말을 들어 본 적이 있는가? 부르주아(Bourgeois)와 보헤미안(Bohemians)이라는 두 단어를 합쳐 만든 이 말은 자유분방하게 살아가는 부유한 사람들을 일컫는다.

Bobos

한 사람이 의자 두 개에 엉덩이를 걸치고 앉아 있는 모습을 상상해 보라. 그것이야말로 보보족의 특징을 여실히 보여 주는 모습일 것이다. 보보족은 1960년대 히피족과 1980년대 여피족을 절반씩 섞어 놓은 특징을 지니고 있다. 인위적인 모든 것을 거부하고 친환경적인 삶을 사는 히피족과 소비 지향의 세련된 엘리트들인 여피족은 서로 정반대인 사람들인데 어떻게 절반씩 섞일 수 있을까? 사실 그런 건 거의 불가능에 가깝다. 그렇다 보니 보보족의 모양새는 어정쩡할 수밖에 없다. 나는 미셸과 장이 나누는 대화를 듣고 깜짝 놀랐다. 다음 대화문을 잘 읽어 보자. 역설적이고 모순적인 말들을 곳곳에서 발견할 수 있을 것이다.

미셸 나 얼마 전에 차 바꿨어.

장 또? 작년에도 바꾸지 않았어?

미셸 맞아. 그런데 이번에는 진짜 좋은 차를 찾았어. 하이브리드 차로 뽑느라 돈 좀 썼지 뭐야. 출퇴근길에 배출되는 이산화탄소만 줄여도 환경에 좋은 영향을 줄 수 있거든.

[일 인당 CO_2 배출량↓]

장 이산화탄소 배출량이 그렇게 중요하면 버스를 타면 되잖아.

미셸 미안하지만 나는 환경에 미치는 영향을 줄이기 위해 대중교통을 타는 건 별로 의미가 없다고 생각해. 그건 그렇고, 나는 세 달 전부터 농부들로부터 채소를 직접 구입하고 있어. 매주 금요일 저녁마다 퇴근길에 가까운 농장에 들러 주문한 채소를 찾아오고 있지. 이런 실천이 대형 마트만 주로 이용하는 문화를 바꾸게 될 거야. 참, 지난주에 이자랑 브루노를 만나서 내가 요리를 해 줬는데 말이야. 그때 특대 스테이크에 시금치를 곁들였거든. 맛이 끝내줘.

[일 인당 CO_2 배출량↓]

장 와, 채소 얘기는 정말 근사한데? 그렇지만 고기를 그렇게 먹는 건······.

[일 인당 CO_2 배출량↑↑]

미셸 야, 완벽한 사람이 어디 있어. 그래도 이렇게 아무것도 아닌 작은 일들이 모여서 결국 우리의 삶에 큰 변화를 불러올 거야. 너도 해 보라고. 기분도 훨씬 좋다니까! 죄책감도 덜 느껴지고 말이야. 아무튼 그래서 일 년 동안 고생했으니까 이번에 카트린느를 데리고 태국에 여행가기로 했어.

[일 인당 CO_2 배출량↑↑↑↑↑↑↑↑]

• 감상평 •

미셸, 당신은 올바른 길을 선택하긴 했지만 아직도 노력해야 할 것들이 많네요. 당신이 꽤 중요하게 여기고 있는 듯한 '겉모

습'이라는 가치를 내려 놓고, 그 자리에 일관성이라는 가치를 채우면 어떨까요? 환경주의나 자연 농업은 잠깐 유행하는 삶의 방식이 아닙니다. 현재로서 당신은 불합격이에요.

일 인당 연간 이산화탄소 배출량

'CO_2eq톤/인'은 국가별 온실가스 배출량을 CO_2 배출량으로 환산한 뒤 이를 총인구로 나누어 일 인당 연간 이산화탄소 배출량을 나타낸 것이다. 2012년 발표된 한 조사에 따르면 전 세계 국가들의 일 인당 연간 이산화탄소 배출량은 미국 17.3CO_2eq톤/인, 중국이 7.2CO_2eq톤/인, EU가 7.5CO_2eq톤/인, 일본 9.8CO_2eq톤/인, 한국 12.6CO_2eq톤/인 등으로 나타났다. 통계에서 볼 수 있다시피 한국의 이산화탄소 배출량은 미국보다는 적은 수치지만 세계 주요 국가들의 수치보다는 높다.

●연관 키워드

대안 세계화 | 싸구려 고기 | 보보족 | 번아웃 증후군 | 헌장 | 합의 | 퇴비화 화장실 | 협동 | 탈성장 | D.I.Y. 집짓기 | **생태 발자국** | 공정무역 | 거버넌스 | 온실가스 | 그린 태그 | 그린피스 | 그린워싱 | 소유 | 허브 오일 | 주택 | 빨리빨리 | 무한성 | 투자 | 쓰레기 | 킬로와트 | 1901년 법 | **원산지** | 존 뮤어 | 상리 공생 | 자연 농업 | 이의 | 공원 | 독성 | 진보 | 품질 | **재생 가능 에너지** | 쳄넘 | 제6의 대륙 | 사회적 연대 경제 | 소셜 펀딩 | 지속가능한 발전 | 텔레비전 | 헨리 데이비드 소로 | **에너지 전환 운동** | 극단적 자연주의 | 도시 계획 | **여행** | 늑대 | 요거트 | 상업 지구

번아웃 증후군

열심히 살아가다 보면 어느 순간 모든 걸 내려놓고 싶을 만큼 지치는 때가 온다. 지쳐서 아무것도 할 수 없는 상태가 일상적으로 이어지는 것을 가리켜 번아웃 증후군이라고 한다.

Burnout syndrom

생산, 소비, 생산, 소비, 생산, 소비……. 오늘날의 자본주의 사회는 생산과 소비를 경쟁적으로 반복하는 힘으로 유지된다. 그런데 자본주의 사회의 무분별한 생산과 소비 문화는 천연 자원의 고갈이라는 심각한 환경 문제를 불러일으킨다. 하지만 고갈되고 있는 것은 비단 천연 자원만이 아니다. 끝없는 경쟁 속에서 사람들 역시 지쳐 가고 있다. 다시 말해 인적 자원도 천연 자원처럼 말라 가고 있는 셈이다.

최근 몇 년 동안 경제적 이유로 인한 자살 사건이 전 세계에서 끊이지 않았다. 프랑스에서도 대표적인 통신회사 '프랑스 텔레콤'의 직원들이 연달아 자살하는 사건이 일어나 프랑스에서 큰 이슈가 되었다. 또한 프랑스 산림청(ONF)과 우체국에서도 잇따른 자살 사건이 일어나 사람들의 이목이 집중되었다. 기업 내 구조 조정이 계속되고 기업의 이윤만을 우선시하는 현상이 심화되면서 일어난 비극이었다. 이 같은 현상은 한국도 예외가 아니다. 2015년 현재 한국의 자살률은 OECD 가입 국가 중 1위다.

성급한 결론을 내릴 필요는 없겠지만 현재 '번아웃 증후군(주로 직장인들에게 찾아오는 탈진증후군)'이 선진국을 중심으로 심각할 정도로 널리 퍼져 가고 있다는 사실만큼은 부정할 수 없을 것이다. 번아웃 증후군은 열심히 일하던 사람이 거듭된 피로 누적으로 인해 삶의 의욕을 상실하는 증상을 가리킨다. 번아웃 증후군의 증상으로는 극심한 피로, 두통, 근육통, 위염, 갑작스러운 슬픔, 불면증, 무기력증 등이 있으며, 이는 때때로 극심한 우울증으로 이어지기도 한다.

이러한 종류의 심리적 문제는 일반적으로 짧은 기간 내에 생기는 것이 아니다. 대개의 경우 오랫동안 경쟁적으로 일하다가 더는 버틸 수 없는 지경에 이르렀을 때 제 풀에 꺾여 발병하는 것이 번아웃 증후군이다. 번아웃 증후군이란 결국 삶을 더 풍요롭게 만들기 위해 몸부림치다가 삶을 깎아먹는 결과를 낳는 증상인 셈이다.

어쩌면 번아웃 증후군은 우리 삶 속에서 '일'이라는 가치의 비중이 지나치게 커져 버린 탓에 생겨난 증상인지도 모른다. 석기 시대의 인류가 생존을 위해 일했던 시간은 하루에 고작 두 시간뿐이었다. 중세 시대에 사용됐던 달력을 살펴보면 사람들이 일했던 날과 쉬었던 날의 일수가 거의 같았다는 사실 역시 알 수 있다. 일주일에 40시간 넘게 일하며 사는 현대인들에게는 정말 충격적인 이야기가 아닐 수 없다. 이제라도 지금까지의 삶을 반성하고 변화를 추구해야 한다. 당장 지금 이 순간부터 적게 일하고 적게 버는 형태의 지속가능한 발전을 추구해야 한다.

헌장

오늘날 시청, 구청 등의 지방 자치 단체들은 지속가능한 발전을 이루는 데 핵심적인 역할을 한다. 바로 '의제 21(Agenda 21)'이라는 기준을 통해 말이다.

Charter

1992년 브라질 리우데자네이루 유엔환경개발회의에서는 지속가능한 발전을 위한 국제적 지침으로 이른바 '의제 21'을 공식 채택했다. 이 '의제 21'이 채택되자 세계 각 지역의 지역 기구들은 '지방의제 21(Local Agenda21)'이라는 지침을 뒤따라 내놓았다. 이 지침에는 모든 지역기구들이 21세기 지구 환경을 보호하는 계획을 수립하고, 국민과 지역 사회, 민간 기업 등과 함께 공동체 차원의 해결책을 논의해야 한다는 내용이 담겨 있다.

1994년 유럽위원회(European Commission, EC)는 자치단체국제환경협의회(ICLEI, 이클레이) 및 시민 사회와 손을 잡고 유럽 내에 의제 21을 정착시키기 위해 '지속가능한 발전을 위한 도시 캠페인'을 벌였다. 이 캠페인은 덴마크 알보그에서 발표된 '알보그 헌장(Charter of Aalborg)'에서 비롯되었는데, 알보그 헌장은 각 나라의 정부가 의제 21을 기반으로 중장기적 행동 계획을 짜야 한다고 명시하고 있다. 이 헌장에는 42개 유럽 국가의 지방 정부 2,400여 곳이 서명했다.

그로부터 10년이 지난 2004년, 과거 서명에 참가했던 지방 정부들이 환경 보호 계획을 실천으로 옮기고 앞으로의 활동을 어떻게 펼쳐 나갈지 논의하기 위해 한자리에 모였다. 이때 523개의 지방 정부가 새로운 지역 헌장을 채택하기로 하고 이에 서명했다.

오늘날 지역 헌장들은 해당 지역의 지속가능한 발전을 이루려면, 어떤 행동을 취해야 하는지 명시하고 있는 경우가 많다. 이러한 지역 헌장은 공공 분야와 민간 분야의 관심을 동시에 이끌어 내는 튼튼한 다리 역할을 하고 있다. 그래서 국회의원, 정부 관계자, 전문가, 시민, 영주권자 등 모든 사람들이 힘을 모아 더 나은 세상을 만들기 위해 헌장을 계속 다듬어 가고 있다. 자연과 조화롭게 발전해 나가는 것, 수준 높은 공공 서비스를 제공하며, 역동적이고 혁신적인 경제를 만들어 가는 것, 그것이 바로 오늘날 계속 수정 보완되고 있는 지역 헌장들의 최종 목표다.

● **연관 키워드**

대안 세계화 | 싸구려 고기 | 보보족 | 번아웃 증후군 | 헌장 | **합의** | 퇴비화 화장실 | 협동 | 탈성장 | D.I.Y. 집짓기 | 생태 발자국 | 공정무역 | **거버넌스** | 온실가스 | 그린 태그 | 그린피스 | 그린워싱 | 소유 | 허브 오일 | 주택 | 빨리빨리 | 무한성 | 투자 | 쓰레기 | 킬로와트 | **1901년 법** | 원산지 | 존 뮤어 | 상리 공생 | 자연 농업 | 이의 | 공원 | 독성 | **진보** | 품질 | 재생 가능 에너지 | 체념 | 제6의 대륙 | 사회적 연대 경제 | 소셜 펀딩 | 지속가능한 발전 | 텔레비전 | 헨리 데이비드 소로 | 에너지 전환 운동 | 극단적 자연주의 | 도시 계획 | 여행 | 늑대 | 요거트 | 상업 지구

Consensus

합의

지속가능한 발전을 위한 정책을 수립하는 과정은 어떤 절차를 거쳐
이루어질까? 누가 뭐래도 시민이 직접 참여해 의견을 반영하는 합
의의 과정이 꼭 필요하다.

Consensus

가족이나 친구들에게서 형식적인 질문을 받아 본 경험은 누구나 가지고 있을 것이다. 여러분이 미처 입을 떼기도 전에 이미 답이 정해져 있는 질문들 말이다. 이를테면 "네 생일에 무슨 선물을 받고 싶니? 엄마가 새 수학책을 사 뒀는데……." 같은 경우가 있겠다. 이때 나의 의견은 별로 중요하지 않다. 왜냐하면 이미 듣고 싶은 대답이 정해져 있기 때문에 나는 원하는 대답을 해 주기만 하면 된다. 정말이지 깨물어 주고 싶을 만큼 얄미운 질문이 아닐 수 없다.

어떤 계획을 함께 세우는 일과 이미 정해진 결정에 의견을 내는 일 사이에는 큰 차이가 있다. 정해진 결정에 의견을 내는 경우 내 의견이 반영될 여지는 크게 줄어들게 마련이다. 반면 처음부터 계획을 함께 세울 경우에는 서로 합의를 통해 최상의 선택을 하는 일이 가능해진다. 예를 들어, 도시 정책에 대한 시민들의 의견을 듣는 도시 개발 자문 회의에서는 도시 계획 프로젝트의 실현 방안을 만드는 데 시민이 직접 참여할 수 있다. 이런 자문 회의에 참여하면 시민 스스로 도시 어느 곳에 어떤 공공시설을 지을지, 어떤 교통수단을 확충할 것인지 등을 결정할 수 있다. 실제로 프랑스의 리옹이라는 도시에서는 주차 문제로 골머리를 썩던 중 자문 회의를 통해 자전거 이용을 활성화하자는 해결책을 시민들이 직접 내놓았다.

흔히 현 세대의 개발 욕구를 충족시키면서, 미래 세대의 생활 환경을 저해하지 않는 발전을 지속가능한 발전이라고 한다. 지속가능한 발전을 위해 그동안 세계는 의제21등의 수많은 협약과 정책들을 만들어 왔다. 그런데 이 과정에서 새로운 방식의 민주주의가 큰 역할을 했다. 지속가능한 발전을 위한 정책 방향을 결정하는 데 시민들이 직접 참여해 의사 결정할 수 있는 민주적 분위기가 조성된 것이다.

이미 준비된 결정에 대해 시민들의 의견을 묻는 것을 보통 '협의(consultation)'라고 한다. 이 경우, 시민들의 의견이 최종적인 결정을 내리는 데 절대적인 영향을 끼치지 못한다. 반면 어떤 안건에 대해 처음부터 시민들과 함께 고민하고 적극적으로 계획 수립에 참여해 의사 결정을 하는 것을 '합의(consensus)'라고 한다. 시민의 참여를 최대한 끌어낸다는 점에서 매우 놀라운 제도다.

누가 뭐래도 민주주의의 꽃은 역시 '참여 민주주의'일 것이다. 앞서 살펴본 것처럼 시민들이 정책의 구상부터 수립까지 함께하고 최종 결정에까지 깊이 참여하는 방식의 민주주의를 가리켜 '참여 민주주의'라고 부른다. 다음번에 또 누군가 '깨물어 주고 싶을 만큼 알미운' 질문으로 여러분의 심기를 건드린다면 참여 민주주의를 설명해 주는 것은 어떨까?

자, 박빙이었지만 방학 여행지로는 역사 유적지가 디즈니랜드를 꺾고 선정되었습니다.

● 연관 키워드

대안 세계화 | 싸구려 고기 | 보보족 | 번아웃 증후군 | **헌장** | 합의 | 퇴비화 화장실 | **협동** | 탈성장 | D.I.Y. 집짓기 | 생태 발자국 | 공정무역 | **거버넌스** | 온실가스 | 그린 태그 | 그린피스 | 그린워싱 | 소유 | 허브 오일 | 주택 | 빨리빨리 | 무한성 | 투자 | 쓰레기 | 킬로와트 | 1901년 법 | 원산지 | 존 뮤어 | 상리 공생 | 자연 농업 | **이의** | 공원 | 독성 | 진보 | 품질 | 재생 가능 에너지 | 체념 | 제6의 대륙 | 사회적 연대 경제 | 소셜 펀딩 | 지속가능한 발전 | 텔레비전 | 헨리 데이비드 소로 | 에너지 전환 운동 | 극단적 자연주의 | **도시 계 획** | 여행 | 늑대 | 요거트 | 상업 지구

퇴비화 화장실

환경 오염은 미처 생각지도 못한 곳에서부터 일어나기도 한다. 그 대표적인 예가 우리가 매일 사용하는 화장실에서 발생하는 물 낭비다. 이런 물 낭비를 줄이기 위해 만들어진 것이 바로 퇴비화 화장실이다.

Composting toilet

어렵게 구한 티켓을 가지고 록 페스티벌에 갔다. 내가 가장 좋아하는 가수가 고작 몇 미터 앞에 있다니! 그런데 사람이 너무 많다. 까치발을 들고 서야만 간신히 숨을 쉴 수 있을 정도다. 비싼 값을 치르고 얻은 자리는 수천 명의 관객들 한가운데에 콕 박혀 있다.

그런데 아까 물을 너무 많이 마셨던 걸까? 갑자기 화장실이 급해졌다. 처음에는 조금 참으면 괜찮아지겠지 싶었지만 무대에서 노래가 세 곡 정도 끝나고 나자, 더는 참을 수 없는 지경에 이르렀다. 재빨리 꽉 들어찬 관중들 틈에서 빠져나와 화장실로 향하기 시작했다.

험난한 길을 헤치고 나오자 마침내 눈앞에 화장실문이 구세주처럼 나타났다. 바람처럼 달려 들어가 변기에 앉았고 이내 안도의 한숨을 내쉬었다. 그런데 물을 내리려는 순간, 뭔가 평소와는 다르다는 사실을 깨달았다. 어? 이게 뭐지? 내가 사차원 세계에라도 빨려들어 온 걸까? 다행히 그렇지 않았다. 사차원 세계에 빨려들어 간 것이 아니라 '퇴비화 화장실'에 들어와 있는 것이었다. 입장할 때 자원봉사자가 설명해 준 퇴비화 화장실 사용법이 기억났다. 사용법은 생각보다 훨씬 간단했다. 그저 톱밥만 뿌려 주면

되는 거였다. 이것으로 2리터의 깨끗한 물을 절약하게 됐다.

유럽의 경우, 록 페스티벌처럼 사람이 많이 모이는 장소에 퇴비화 화장실을 설치하는 경우가 많다. 2011년 한 해 동안 유럽 각지에서 뮤직 페스티벌에 동원된 관객 수는 상상을 초월할 정도로 많았다. 지속가능한 발전의 관점에서 볼 때, 이런 큰 행사에 퇴비화 화장실과 같은 친환경 시설이 설치되는 것은 한국도 도입해야 할 제도다.

최근 뮤직 페스티벌들은 퇴비화 화장실뿐만 아니라 분리 수거에도 신경을 쓰고 있고, 할로겐 조명보다 전력을 덜 사용하는 나트륨램프를 설치한다든지, 일회용 컵의 반입을 제한하는 등의 방식을 통해 환경 보호에 앞장서고 있다. 2005년 영국에서는 지속가능한 발전에 연대하는 뮤직 페스티벌 협동조합이 생기기도 했다. 이 조합에는 무려 25개나 되는 뮤직 페스티벌들이 속해 있다. 그렇다면 한국의 경우에는 어떨까? 환경을 생각하며 치러지는 행사가 종종 있지만 아직 많이 부족하다. 이제부터라도 큰 행사를 열 때 환경을 위해 퇴비화 화장실을 적용해보면 어떨까?

● 연관 키워드

대안 세계화 | 싸구려 고기 | 보보족 | 번아웃 증후군 | 헌장 | 합의 | 퇴비화 화장실 | 협동 | **탈성장** | D.I.Y. 집짓기 | **생태 발자국** | 공정무역 | 거버넌스 | 온실가스 | 그린 태그 | 그린피스 | 그린워싱 | 소유 | 허브 오일 | 주택 | 빨리빨리 | 무한성 | 투자 | 쓰레기 | 킬로와트 | 1901년 법 | 원산지 | 존 뮤어 | 상리 공생 | 자연 농업 | 이의 | 공원 | 독성 | 진보 | 품질 | 재생 가능 에너지 | 체념 | 제6의 대륙 | 사회적 연대 경제 | **소셜 펀딩** | **지속가능한 발전** | 텔레비전 | 헨리 데이비드 소로 | **에너지 전환 운동** | 극단적 자연주의 | 도시 계획 | 여행 | 늑대 | 요거트 | 상업 지구

Cooperation

협동

경쟁! 경쟁! 경쟁! 우리는 항상 경쟁을 강요받으며 살아왔다. 그런데
협동을 통하면 더 큰 성취를 이룰 수 있다.

Cooperation

연속극 〈그린 러브〉

제2화 - 크로스컨트리 스키

촬영지 - 실내 세트, 카페 안에서

리안 가에탕, 요즘도 '에코 걸' 바네사한테 푹 빠져 지내?

가에탕 그래. 그런데 내가 또 무슨 실수를 한 거 같아. 바네사 랑은 뭘 어떻게 해야 할지 도통 모르겠어. 내가 지난주에 크로스컨트리 경기에서 우승했다고 자랑했더니 그게 마음에 들지 않았나 봐. 경쟁에 몰두하는 건 그만두는 게 좋을 거라나.

리안 틀린 말은 아니잖아. 늘 일등이 되려고 하는 것보다 서로 힘을 합치는 게 좋지 않니? 자, 모래밭에 아이 둘이 앉아서 모래성을 쌓고 있다고 상상해 봐. 각자 하나씩 자기 성을 만드는 것보다 같이 커다란 성을 만드는 편이 낫잖아. 협동하는 게 훨씬 좋다고. 협동을 통해 모래성을 쌓으면 서로 부족한 부분을 보충해 주고 잘하는 부분은 집중해서 할 수 있게 되니 얼마나 좋아?

가에탕 글쎄.

리안 모래성 쌓을 나이는 아니라고 말하고 싶은 거지? 그렇지만 협동은 정보를 공유하는 좋은 수단일 뿐만 아니라 다양한 의견을 이끌어 내는 역할도 해. 또 다양한 의견들을 공유하면서 생각의 폭도 넓어지지. 제각기 다른 사람들에게서 나온 의견들은 또 다른 세상을 열어 가는 열쇠가 돼. 더 혁신적이고, 기발한 생각을 통해 또 다른 세상을 열 수 있다는 말이야.

가에탕 리안, 너랑 얘기하면 무슨 교과서를 읽는 것 같아. 내가 네 말을 다 이해했는지도 잘 모르겠다.

리안 협동. 그거 하나만 기억하면 돼. 협동은 어려운 것도 아니잖아.

가에탕 그럼 어떻게 해야 돼? 협동을 하려면 내가 어떻게 하면 되는 거야?

리안 협동에서 가장 중요한 건 서로를 잘 이해하는 거야. 네 주변 사람들에 대해 알아 가려고 노력해 봐. 주변 사람들을 잘 이해하려면 우선 기계적으로 일등이 되려고 하는 마음부터 멈춰야겠지. 그리고 다른 사람이 어려움에 처해 있다면 그 사람을 투명 인간으로 취급하는 게 아니라 도와줄 방법이 없는지 알아봐야겠지.

가에탕 그래. 알았다. 오버! 네 말이 다 맞아. 그런데 크로스컨트리는 일정한 거리를 완주하는 것이 중요해. 이번에 나는 30분짜리 코스에 참가했는데 스키를 타면서 호흡을 고르는 나만의 비법이 있어. 가서 다른 선수들에게 이 비법을 알려 주고 모두 다 같이 완주할 수 있도록 하는 게 좋겠어. 선생님도 깜짝 놀라실 거야!

리안 그래, 바른 길로 가고 있구나. 앞으로도 계속 그렇게 해!

●**연관 키워드**

대안 세계화 | 싸구려 고기 | 보보족 | 번아웃 증후군 | 헌장 | 합의 | 퇴비화 화장실 | 협동 | 탈성장 | **D.I.Y.**
집짓기 | 생태 발자국 | 공정무역 | 거버넌스 | 온실가스 | 그린 태그 | 그린피스 | 그린워싱 | 소유 | 허브 오
일 | 주택 | 빨리빨리 | 무한성 | 투자 | 쓰레기 | 킬로와트 | 1901년 법 | 원산지 | 존 뮤어 | **상리공생** | 자연
농업 | 이의 | 공원 | 독성 | **진보** | 품질 | 재생 가능 에너지 | 체념 | 제6의 대륙 | **사회적 연대 경제** | 소셜
펀딩 | 지속가능한 발전 | 텔레비전 | 헨리 데이비드 소로 | 에너지 전환 운동 | 극단적 자연주의 | 도시 계획
| 여행 | **늑대** | 요거트 | 상업지구

탈성장

성장이라는 말은 흔히 들어 익숙하다. 어떤 것이 쑥쑥 자라거나 규모가 커질 때 우리는 성장한다고 한다. 그런데 탈성장이라니. 물구나무라도 서야 하는 것일까?

Degrowth

탈성장은 널리 알려진 일반적인 개념은 아니다. 오늘날 우리가 살고 있는 '발전 지향적 자본주의 사회'와 정면으로 부딪치는 개념이기 때문이다. 일단 탈성장주의는 국내 총생산(GDP)의 증가가 사회를 발전시키고 인간을 더 행복하게 만든다는 자본주의적 신념에 대해 반문을 제기한다. 그래서인지 발전을 최고의 가치로 여기는 이 사회에서 탈성장을 주장하는 사람은 시대에 뒤처진 사람, 어딘가 모르게 조금 이상한 사람, 혹은 반(反)현대적인 원시인쯤으로 매도당하는 것이 현실이다.

철학자 장 클로드 미셰아(Jean-Claude Michéa)는 탈성장주의에 대해 이렇게 말했다. "탈성장주의와 같은 반자본주의적 사조들이 나타나자 곧바로 탈성장주의를 향한 끊임없는 공격이 시작되었다. 공격의 이유는 단지 도저히 상상할 수도 없는 것을 탈성장주의자들이 주장하고 있기 때문이었다. 하기야 쉴 새 없이 경쟁하는 게 인간의 숙명이요, 인간이 마땅히 나아갈 길인데 어떻게 느리게 사는 삶을 받아들일 수 있겠는가?"

탈성장은 분명히 엄청난 경제적 발전과는 거리가 먼 개념이다. 하지만 인간은 탈성장을 통해 지속가능한 발전이라는 더 큰 목표에 다가설 수 있다. 우선 탈성장은 무분별한 개발을 막고,

낭비하는 소비 문화를 개선해 생태계에 좋은 영향을 미칠 수 있다. 실제로 탈성장주의자들은 자연으로부터 필요한 만큼만 취하는 탈성장이 수많은 환경 문제를 해결하고 인간이 지구와 조화롭게 살게 해 줄 것이라 믿는다.

이렇게 덜 소비하고 덜 낭비하는 삶의 태도, 더 나아가 생활의 안락함을 어느 정도 포기할 줄 아는 삶의 태도가 바로 탈성장주의다. 레오 톨스토이(Leo Tolstoy), 존 러스킨(John Ruskin), 헨리 데이비드 소로(Henry David Thoreau) 등의 인물이 주장했던 '자발적 단순함'의 삶을 추구하고, 환경에 미치는 인간의 영향을 최대한 줄이며, 연대와 박애, 나눔 등의 소중한 가치에 집중하는 삶을 살자는 것이 바로 탈성장주의다. 이를 몸소 실천하고 있는 사람으로 환경 운동가인 피에르 라비(Pierre Rabhi)를 들 수 있는데, 피에르는 한국에도 소개된 바 있는 자신의 책 제목처럼 '자발적 소박함'을 최대의 가치로 삼고 살아가고 있다.

탈성장, 어렵게 들리지만 실은 매우 간단하다. 일단 탈성장은 우리가 당연하다고 생각하는 것에서 벗어나는 데서 출발한다. "이 자동차를 2년이나 탔으니 이제 새 차를 살 때군." "이번에 아이패드2를 샀는데, 몇 달 지나면 아이패드3로 바꿔야 하겠지."와 같은 생각을 그만두는 것이 탈성장의 출발점이다.

발전만을 추구하는 사회는 우리에게 많은 것을 포기하고 열심히 노력하며 사는 것만을 요구한다. 멀리 있는 행복을 잡으라고 자꾸만 속삭인다. 성공과 발전만을 최고의 가치로 여기는 세

상에 너무 지쳐 버렸는가? 만약 그렇다면 탈성장을 꿈꾸는 삶의
태도를 가져 보는 것은 어떨까? 탈성장을 향해 나아간다는 것은
내 주변에 있는 행복을 발견하려는 시도이기도 하니까 말이다.

● **연관 키워드**

대안 세계화 | 싸구려 고기 | 보보족 | **번아웃 증후군** | 헌장 | 합의 | 퇴비화 화장실 | 협동 | 탈성장 | D.I.Y.
집짓기 | 생태 발자국 | 공정무역 | 거버넌스 | 온실가스 | 그린 태그 | 그린피스 | 그린워싱 | **소유** | 허브 오
일 | 주택 | **빨리빨리** | 무한성 | 투자 | 쓰레기 | 킬로와트 | 1901년법 | 원산지 | 존 뮤어 | 상리 공생 | 자연
농업 | 이의 | 공원 | 독성 | 진보 | 품질 | 재생 가능 에너지 | 체념 | 제6의 대륙 | 사회적 연대 경제 | 소셜
펀딩 | 지속가능한 발전 | 텔레비전 | **헨리 데이비드 소로** | 에너지 전환 운동 | 극단적 자연주의 | 도시 계
획 | 여행 | 늑대 | 요거트 | 상업 지구

D.I.Y. 집짓기

스스로 집을 짓는 문화는 아주 오래전부터 시작되었다. 그리고 옛
날 사람들은 스스로 집을 짓는 것이 환경에 도움을 준다는 생각조
차 못 했다.

D.I.Y.

지속가능한 발전을 고려하지 않고도 집은 얼마든지 지을 수 있다. 그런데 최근 들어 단순히 집을 짓는 것에서 한발 나아가 환경 보호와 사회적 연대 등과 같은 가치를 담은 집을 스스로 짓는 일에 관심을 가지는 사람이 늘고 있다.

나무나 짚, 돌과 같은 친환경적인 소재로 집을 스스로 짓는 일이 최근 전 세계적으로 유행하고 있다. 이제 사람들은 옛날처럼 집에 콘크리트 벽돌이나 시멘트, 유리 섬유 등을 쓰고 싶어하지 않는다. 믿을 수 있는 소재로 나만의 집을 직접 지어 유해 물질로부터 멀리 떨어진 삶을 살고자 한다. 이들은 "자! 이제 이 시스템에서 벗어날 거야. 세상에 믿을 사람은 나밖에 없어. 이제 혼자 힘으로 집을 짓겠어. 작고 예쁜 지붕을 올린 나만의 집을 만들겠어."라고 결심한 뒤 곧바로 실천으로 옮긴다.

집을 짓는 일은 생각보다 시간도 꽤 많이 들고, 전문가가 아닌 만큼 늘 좋은 결과만 얻을 수 있는 것도 아니다. 여러 모로 쉽지 않은 일이지만 낙담할 필요는 없다. 실패가 두렵다면 도와줄 수 있는 유능한 친구들을 곁에 두면 된다. 모두가 함께 참여해 도와준다면 생각보다 일이 쉽게 풀릴 것이다. 함께 작업하면 집짓기에 대한 지식과 기술을 공유할 수 있는 것은 물론이고, 서로 연대하며 살아가는 법을 배울 수 있다.

그런데 친환경적인 삶과 지속가능한 발전을 위해 스스로 집을 지을 때 한 가지 꼭 기억해야 할 것이 있다. 친환경적인 것에는 항상 경제적인 부분이 걸림돌로 작용한다는 점이다. 여러분이 적은 예산으로 집을 짓기 시작했다면 곧 친환경과 돈은 서로 떼어 놓을 수 없는 관계라는 사실을 알게 될 것이다. 하지만 예산이 조금 부족하더라도 가급적이면 건강하고 자연적인 소재들(나무, 짚, 석회, 삼 등)을 선택하기를 권한다. 한번 집을 지으면 오랜 시간 사용해야 하므로 처음부터 잘 지어야 한다.

또한, 집을 지을 때는 거주할 때 드는 비용을 고려해야 한다. 따라서 친환경적이면서도 경제적인 집을 지으려면 가능한 한 에너지가 많이 들지 않는 집으로 설계하는 것이 중요하다. 단열 효과가 높은 소재를 사용해 냉난방 시 들어가는 에너지를 줄인다든지, 채광이 좋은 구조로 지어 전기를 아낀다든지 에너지를 아끼는 방법은 여러 가지가 있다. 이렇게 단열과 환기를 강화해서 에너지를 기존 주택의 10분의 1로 절약하는 주택을 '패시브하우스(Passive House)'라고 한다. 더 나아가서 '제로 에너지 하우스', 즉 사용할 에너지를 직접 생산하는 주택을 짓는 방법도 있다.

환경적으로, 경제적으로 '건강한' 집에 산다는 것은 얼마나 큰 기쁨인가! 만약 집을 지을 만한 감각이나 능력이 없어서 망설인다면 너무 걱정하지 않아도 된다. 자기만의 집을 지은 경험을 살려 다른 사람이 집을 지을 때 도와주는 사람들도 있다.

● **연관 키워드**

대안 세계화 | 싸구려 고기 | 보보족 | 번아웃 증후군 | 헌장 | 합의 | 퇴비화 화장실 | **협동** | 탈성장 | D.I.Y. 집짓기 | 생태 발자국 | 공정무역 | 거버넌스 | 온실가스 | 그린 태그 | 그린피스 | 그린워싱 | 소유 | 허브 오일 | **주택** | 빨리빨리 | 무한성 | 투자 | 쓰레기 | 킬로와트 | 1901년 법 | 원산지 | 존 뮤어 | **상리 공생** | 자연 농업 | 이의 | 공원 | 독성 | 진보 | 품질 | 재생 가능 에너지 | 체념 | 제6의 대륙 | **사회적 연대 경제** | 소셜 펀딩 | 지속가능한 발전 | 텔레비전 | **헨리 데이비드 소로** | 에너지 전환 운동 | 극단적 자연주의 | **도시 계획** | 여행 | 늑대 | 요거트 | 상업 지구

생태 발자국

생태 발자국은 사람 한 명이 얼마나 많은 자원을 쓰며 살아가는지를 땅의 넓이로 나타낸 개념이다.

연속극 〈그린 러브〉

제3화 – 이상적인 날

촬영지 – 실내 세트, 학교 식당

가에탕 생태 발자국이 도대체 뭐야? 어제 바네사가 나한테 생태 발자국에 대해 얘기했는데, 솔직히 말하면 무슨 말인지 반도 알아듣지 못했어.

리안 생태 발자국은 우리가 생산하고 소비하는 모든 자원을 땅 면적으로 환산해서 표현한 거야. 예를 들어, 프랑스인 한 명이 살아가기 위해서는 일 년 동안 평균 5헥타르의 땅이 필요하대. 그런데 인류가 지구에서 멸종하지 않고 살아가려면 한 사람당 일 년 평균 1.8헥타르 정도의 땅만을 사용해야 한대. 그러니까 전 세계 사람들이 유럽 사람들처럼 자원을 펑펑 쓴다면 지구가 적어도 네 개 정도는 필요한 셈이지.

가에탕 이런! 갑자기 나도 인류 멸망에 일조하는 것 같은 기분이 들어. 그렇다면 환경을 위해 내가 어떻게 해야 할까? 너는 생태 발자국을 줄이기 위해 뭘 하고 있어? 얘기 좀 해 줘. 다 받아 적어야겠어.

리안 음, 일단은 목욕을 두 달에 한 번만 해.

가에탕 뭐라고? 장난치는 거지?

리안 당연히 장난이지. 나는 아침마다 절수 샤워기로 샤워를 해. 참! 샤워 시간은 3분 정도 줄였어. 이 두 가지만으로 생태 발자국이 1,300제곱미터나 줄어들어.

가에탕 좋아. 여기까지는 별로 어렵지 않군. 그리고 또?

리안 우편함에 '광고지 금지' 스티커를 붙여. 함부로 버리는 광고지만 줄여도 생태 발자국이 180제곱미터는 줄어드니까.

가에탕 알았어. 오늘 당장 집에 가서 붙여야겠다.

리안 그리고 재생지를 사용하면 생태 발자국 540제곱미터를 줄일 수 있고, 컴퓨터, 텔레비전 같은 전자 제품들을 안 쓸 때 코드를 뽑아 두면 90제곱미터의 감소 효과가 있대.

가에탕 우아!

리안 조금 더 알려 줄게. 일주일의 식사 중에 두 끼만 채식으로 바꿔도, 짜잔! 1,600제곱미터가 줄어들어.

가에탕 그렇구나! 나는 벌써 너겟은 끊었어. 아직 채식주의자가 될 만큼 마음의 준비가 되지 않았지만 일주일에 두 번 정도라면 가능할 것 같은데?

리안 그리고 내가 사는 주변 지역에서 나는 농산물을 먹으면 120제곱미터 추가로 감소한대. 학교에 갈 때도 버스를 타고 가는 게 좋아. 엄마 차를 타고 가다가 학교 근처에서 내려가야 하는 성가신 일을 안 해도 되고 말이야. 아무튼 버스를 타고 다니면 생태 발자국 6,300제곱미터 감소야.

가에탕 우아, 다 적었어. 5헥타르랬지! 5만 제곱미터에서 절수 샤워기 쓰고, 샤워 시간 3분 줄이고, 광고지 금지, 재생지 쓰기, 전기 코드 뽑기, 채식 두 끼, 지역 농산물 먹기, 엄마 차까지 빼면······. 39,870제곱미터네! 벌써 1헥타르 이상 줄었어. 바네사에게 말해 줄래!

공정무역

오늘날 세계는 무역 없이 나라를 운영할 수 없을 만큼 다른 나라들과 활발하게 무역하고 있다. 하지만 무역이 항상 공정하게 이루어지지는 않는다. 각 나라가 가진 힘에 따라 불공정한 거래가 왕왕 발생하기도 한다. 그래서 사람들은 약소국에게 힘을 주는 무역, 지속가능한 발전을 위한 무역을 지향하게 되었다.

Fair trade

바야흐로 현대는 무역의 시대다. 무역 없이는 단 하루도 살 수 없을 만큼 현대인에게 있어 무역은 필수적인 제도다. 그런데 워낙 무역 거래량이 많아지고 세상이 복잡해지다보니 불공정한 무역이 부지기수로 늘어났다. 또 환경에 악영향을 미치는 방식으로 대량 생산된 물건이 마구잡이로 유통되는 일도 일어나고 있다. 그렇다면 우리는 이런 불합리한 거래를 바로잡기 위해 어떤 노력을 해야 할까?

일단 국제 무역 규정을 바꾸어야 한다. 불공정 거래를 줄이고 선진국과 개발 도상국이 서로 지속가능한 발전을 이뤄 나갈 수 있도록 무역 규정을 조정하는 것이다.

자본의 논리에 의해 약소국이 경제적으로 침탈당하는 세계 무역 상황을 고려한다면 사실 국제 무역 규정을 바꾸는 일은 선택이 아닌 필수다. 그래서 약 40여 년 전부터 공정무역을 주창하는 단체들이 설립되었고, 무역 규정을 바로잡기 위해 다양한 노력을 펼치고 있다. 프랑스의 경우, 대표적인 공정무역 단체로 아르티장 뒤 몽드(Artisans du monde), 알테르 에코(Alter Eco), 에티카블(Ethiquable) 등이 있는데 이 단체들은 세계 모든 사람이 정당하고 평등한 대우를 받을 수 있도록 보장하는 공정무역 규정을 만들어야 한다고 주장하고 있다.

그렇다면 공정무역을 위해서 어떠한 규정을 만들어야 좋을까? 우선 공정무역의 첫 번째 조건은 생산자의 삶의 조건을 개선하고 행복을 증진시키는 무역이 되어야 한다는 것이다. 생산자의 삶을 변화시키려면 첫째로 생산자가 주체적으로 조합을 구성해 자신들을 보호할 수 있어야 한다. 안정적인 조합이 생겨나면 생산자들은 최적의 가격을 받을 수 있을 뿐더러 지속적인 무역 거래를 가능케 하는 기틀도 마련할 수 있다.

둘째로 무역 거래를 하는 당사자들이 투명한 거래를 바탕으로 한 서로 존중하는 파트너십을 맺어야 한다. 무역 주체 간의 존중은 사회적 정의를 지켜 나가는 무역 문화를 만들며, 최소한의 경제적 안정을 보장한다. 그뿐만이 아니다. 인권 보호의 측면에서도 도움이 된다. 공정무역은 생산자 중에도 사회적으로 약자로 분류되는 사람들, 즉 여성이나 이주 노동자들의 생활 환경을 개선한다. 또 노동으로 인해 착취당하는 아동, 청소년들을 보호하는 기능도 수행한다. 국제 무역상의 불공정한 조항으로 인해 생산자가 받을 수 있는 불이익을 소비자들에게 알려서 소비자가 올바른 소비를 할 수 있게 돕는 것 또한 공정무역의 역할이다. 다시 말해 공정무역이란 지속가능한 발전을 목표로 전 세계가 발 벗고 나서야 실현되는 아주 거대한 프로젝트인 셈이다.

이 거대한 프로젝트를 실현하기 위해서는 생활 속의 작은 노력들이 무엇보다 중요하다. 공정무역으로 거래된 제품을 소비하는 것은 물론이고 지역 농산품 및 유기농 저농약 농산물을 이용하는 것이 공정한 세상을 만드는 데 도움이 된다. 환경을 파괴하지 않는 에코 제품을 구매하고, 자전거와 같이 무공해 교통수단을 이용하며 재생 에너지를 사용하는 등의 노력도 모두 공정무역이 지향하는 지속가능한 발전을 가능하게 하는 것들이다.

● **연관 키워드**

대안 세계화 | 싸구려 고기 | 보보족 | 번아웃 증후군 | 헌장 | 합의 | 퇴비화 화장실 | 협동 | 탈성장 | D.I.Y. 집짓기 | 생태 발자국 | 공정무역 | 거버넌스 | 온실가스 | 그린 태그 | **그린피스** | 그린워싱 | 소유 | 허브 오일 | 주택 | 빨리빨리 | 무한성 | 투자 | 쓰레기 | 킬로와트 | 1901년 법 | **원산지** | 존 뮤어 | 상리 공생 | **자연 농업** | 이의 | 공원 | 독성 | **진보** | 품질 | 재생 가능 에너지 | 체념 | 제6의 대륙 | 사회적 연대 경제 | 소셜 펀딩 | **지속가능한 발전** | 텔레비전 | 헨리 데이비드 소로 | 에너지 전환 운동 | 극단적 자연주의 | 도시 계획 | 여행 | 늑대 | 요거트 | 상업 지구

Governance

거버넌스

거버넌스란 협치라고도 불리는데 다양한 주체가 참여하는 국가 경영, 혹은 공공 경영을 뜻한다. 한 국가가 올바로 기능하도록 관리하는 행정, 정책 및 규율, 의사 결정 과정 및 조직 체계 등에 정부와 기업, 시민이 다 함께 참여하는 경영이다.

Governance

거버넌스에 참여하는 주체, 다시 말해 국가의 행정 및 의사 결정 과정, 조직 체계에 관여하는 주체는 정부뿐만 아니라 기업 및 개인, 민간 단체까지 광범위하다. 일반적으로 거버넌스는 책임성, 투명성, 법치주의, 참여주의라는 네 가지 큰 원칙에 기반을 두고 있다. 거버넌스가 이렇게 네 가지 원칙을 내세우는 이유는 한 사람 한 사람의 이익을 존중함으로써 최대한 많은 사람들에게 고른 이익이 돌아가도록 하기 위해서다. 그 때문에 거버넌스는 문제를 해결하는 데 모든 사람이 자기 목소리를 낼 수 있도록 열린 구조의 장을 만드는 일을 중요하게 여긴다.

거버넌스는 열린 구조의 공공 경영을 목표로 삼기 때문에 중요한 결정을 하는 데 시민들의 참여를 적극적으로 이끌어 낸 정책 사례가 많다. 우선 브라질에 위치한 인구 130만 명의 도시 포르토알레그레의 사례를 들 수 있다. 포르토알레그레에서는 1989년부터 주민들이 직접 시정에 참여해 예산을 짜고 지출하는 업무를 해 오고 있다. 또 예산뿐 아니라 예산 관련 정책을 세우고 실행할 때에도 주민들이 중추적인 역할을 맡고 있다.

이렇게 시민들이 참여하여 정부의 예산 집행을 감독하는 제도를 가리켜 '주민 참여 예산 제도'라고 한다. 주민 참여 예산 제도의 가장 큰 장점은 시민들이 필요한 것들을 구체적으로 정부에 요구할 수 있고, 주택, 교육, 보건 등의 문제를 공개 토론회를 통해 실행 우선순위를 결정할 수 있다는 점이다. 주민 참여 예산 제도에서 의견을 표명할 수 있는 주체는 지역 단체나, 그 지역에 기반을 둔 기업, 평범한 주부, 농부 등 지역 사회의 다양한 사람들이다. 오히려 주민 참여 예산 제도에서 정부의 역할은 제삼자에 머무른다.

지역 정부는 토론 과정에 개입해 기술적, 법적 정보와 재정 관련 자료들을 제공하고 주민들의 의견을 적극적으로 수렴한다. 여러 번의 회의를 거쳐 주민들에게 가장 필요한 곳부터 우선순위를 매겨 예산을 집행한 뒤, 주민들이 다시 예산 집행이 잘 이루어졌는지 평가하기도 한다. 이러한 주민 참여 예산 제도를 통해 불필요한 재정 낭비를 막고, 공무원들이 예산을 착복해 부패를 저지르지 않도록 예방할 수 있어 한국에서도 이 제도를 시범적으로 도입하고 있다.

● 연관 키워드

대안 세계화 | 싸구려 고기 | 보보족 | 번아웃 증후군 | 헌장 | 합의 | 퇴비화 화장실 | 협동 | 탈성장 | D.I.Y. 집짓기 | 생태 발자국 | 공정무역 | 거버넌스 | 온실가스 | 그린 태그 | 그린피스 | 그린워싱 | 소유 | 허브 오일 | 주택 | 빨리빨리 | 무한성 | 투자 | 쓰레기 | 킬로와트 | 1901년 법 | 원산지 | 존 뮤어 | 상리 공생 | 자연 농업 | 이의 | 공원 | 독성 | 진보 | 품질 | 재생 가능 에너지 | 체념 | 제6의 대륙 | 사회적 연대 경제 | 소셜 펀딩 | 지속가능한 발전 | 텔레비전 | 헨리 데이비드 소로 | 에너지 전환 운동 | 극단적 자연주의 | 도시 계획 | 여행 | 늑대 | 요거트 | 상업 지구

Greenhouse gas

온실가스

얼마 전부터 북극곰이 살아갈 터전이 줄어들고 있다는 소식이 들려왔다. 세상이 점점 뜨거워져서 북극의 빙산조차 녹아내리고 있다는 것이다. 이렇게 지구가 위태로울 정도로 뜨거워진 원인은 딱하나다. 바로 온실가스다.

Greenhouse gas

나도 어린 시절에는 아버지의 말씀을 잘 듣는 아이는 아니었다. 하지만 환경 문제에서 만큼은 아버지의 말씀에 따르지 않을 수 없었다. 아버지는 환경 문제에 대해 용감한 투사이자 전문가였기 때문이다. 아버지는 '에코', '바이오' 따위의 단어를 늘 입에 붙이고 사셨다. 아버지 친구들은 아버지에게 '바이오 맨'이라는 별명을 붙여 주기도 했다. 그렇다! 80년대의 어린이 드라마 〈바이오 맨〉에서 따다 붙인 별명이다. 그런데 사실 바이오 맨의 주인공들은 전혀 친환경적인 인물들이 아니었다. 그냥 엄청난 싸움꾼들이었을 뿐이다.

아버지는 미래에 심각한 환경 위기를 겪지 않으려면 지금부터라도 환경을 보호해야 한다고 강조하셨다. 특히 아버지는 온실가스로 인한 지구 온난화에 관심이 많으셨다. 최근 몇십 년 동안 온실가스는 인류의 활동으로 인해 꾸준히 증가해 왔다. 온실가스는 주로 자동차나 트럭과 같은 운송 수단이나 공장 등에서 배출되는 배기가스가 대기권으로 올라가 생성된다고 알려져 있다. 최근에는 육류 가공업이 발달함에 따라 온실가스가 크게 증가했다는 연구도 발표되었다. 심지어 한 보고서에 따르면, 육류 산업으로 인해 배출되는 온실가스의 양이 전체 온실가스 배출량

의 18퍼센트나 차지한다고 한다.

현재 온실가스로 인한 지구 온난화는 생태계에 큰 피해를 가져오고 있다. 일단 북극의 빙하가 녹아내려 전 세계의 해수면이 상승하고 있는 점이 가장 문제다. 해수면 상승으로 해안이 점점 민가 쪽에 가까워졌고, 그로 인해 물가에 살던 사람들은 불어난 물을 피해 육지 쪽으로 이사를 해야 할 판국이다. 하지만 다르게 보면 좋은 점도 있을 것이다. 불어난 물 덕분에 스쿨버스 대신

'스쿨보트' 같은 걸 타고 학교에 간다면 얼마나 신나겠는가? 물론 나만 생각해서는 안 되겠지만 말이다. 나도 안다. 이런 말을 한다면 우리 아버지가 나를 가만두지 않을 것이다.

온실가스가 우리에게 해를 끼치는 것으로 알려져 있지만 사실 지구 환경에 꼭 필요한 물질이며 자연스러운 대기 현상이기도 하다. 대기 중에 적당량 존재하는 이산화탄소나 메탄 등의 기체들은 지구 밖으로 반사되어 나가는 태양열을 붙잡아 지구 표면 온도를 평균 15도 정도로 유지시켜 준다. 만약 이런 기체들이 없다면 지구의 온도는 -18도까지 떨어지고 말 것이다.

그러나 과유불급이라고 했다. 자본주의 사회가 도래하고 발전을 위한 끊임없는 난개발이 이루어지면서 화석 연료의 사용이 급격히 늘어났다. 그로 인해 온실가스는 적정한 수준을 넘어 너무 많이 발생하고 말았다. 그런 이유로 현재 지구의 평균 온도는 계속해서 상승하는 중이다.

지구 온난화의 심각성을 깨달은 사람들은 1992년 리우데자네이루에서 정상 회담을 열었고, 온실가스를 줄이는 방안을 함께 논의했다. 그로부터 5년 뒤인 1997년에는 이미 여러분도 학교에서도 많이 들어봤을 '교토의정서'가 정식으로 채결되었다. 교토의정서의 의무 이행 대상국은 미국과 일본을 비롯한 세계 38개국으로 1997년 당시 각 국가별로 2012년까지 평균 5.8퍼센트의 온실가스를 감축하는 것이 목표였다. 한국은 2002년 교토의정서를 국회에서 비준했으나 개발도상국으로 분류되어 온실가스

감축 의무는 없었다. 하지만 OECD 가입국으로서 온실가스 감축을 위한 행동을 국제 사회로부터 끊임없이 요구받고 있는 상황이다.

그 뒤로도 온실가스를 줄이기 위한 다양한 시도들이 있었지만 난관에 부딪혀 왔다. 2009년 코펜하겐에서 열린 국제 회담에서는 이렇다 할 협의를 이끌어 내지 못했고, 2011년 남아프리카 공화국 더반에서 열린 제17차 당사국회의에서는 새로운 세계 기후 협약의 체결 시기를 2015년으로, 협약의 발효 시점은 2020년으로 미뤘다. 이렇게 미뤄진 시간 동안에 지구의 기온은 계속해서 높아져만 가고 있는데 말이다. 바이오 맨에 등장하는 영웅들이 정말 뛰어난 초능력을 가졌다면 뜨거워진 지구가 내뿜는 이 뜨거운 증기를 어떻게든 해결해 주었으면 좋겠다.

엘 고어

엘 고어(Al Gore)는 미국의 전 부통령이자 2000년 미국 대통령 선거에서 간발의 차로 낙선한 미국의 대표적인 정치인이다. 엘 고어는 뛰어난 정치인이기도 하지만 지구 온난화 저지 운동을 강력하게 추진하고 있는 인물이기도 하다. 엘 고어는 2006년 발표된 다큐멘터리 영화 〈불편한 진실(An Inconvenient Truth)〉의 내레이션을 맡아 지구 온난화가 가져올 비극적인 결말에 대해 세상에 알리기도 했다. 앨 고어는 갈수록 잦아지는 심각한 기상 이변과 해수면 상승 등 온실가스에 관한 진실을 더 많은 이들과 공유하기 위해 노력을 아끼지 않았다. 또한 지구 온난화를 주제로 한 수많은 회의를 개최하기도 했다. 엘 고어의 노력을 세상이 알아봐 준 걸까? 엘 고어는 2007년 노벨 평화상을 수상했다. 엘 고어가 노벨 평화상을 받은 이유는 기후 변화가 계속되면 국가간의 평화가 깨질 것이라 보는 사람이 많았기 때문이다. 이처럼 환경 문제는 세계 평화와도 관련이 깊다.

● 연관 키워드

대안 세계화 | 싸구려 고기 | 보보족 | 번아웃 증후군 | 헌장 | 합의 | 퇴비화 화장실 | 협동 | 탈성장 | D.I.Y. 집짓기 | 생태 발자국 | 공정무역 | 거버넌스 | 온실가스 | 그린 태그 | 그린피스 | 그린워싱 | 소유 | 허브 오일 | 주택 | 빨리빨리 | 무한성 | 투자 | 쓰레기 | 킬로와트 | 1901년 법 | 원산지 | 존 뮤어 | 상리 공생 | 자연 농업 | 이의 | 공원 | 독성 | 진보 | 품질 | 재생 가능 에너지 | 체념 | 제6의 대륙 | 사회적 연대 경제 | 소셜 펀딩 | 지속가능한 발전 | 텔레비전 | 헨리 데이비드 소로 | 에너지 전환 운동 | 극단적 자연주의 | 도시 계획 | 여행 | 늑대 | 요거트 | 상업 지구

그린 태그

물건을 사면 항상 태그가 붙어 있다. 그런데 앞으로 물건을 살 때
는 이 태그도 잘 살펴보아야겠다.

Green tag

연속극 〈그린 러브〉
제4화 – 옷
촬영지 – 야외 세트, 가에탕의 집 앞

가에탕 이 바지 새로 산 건데, 어때? 여기 라인 좀 봐. 최고지!

리안 바네사가 좋아할 거라고 생각한다면 아주 큰 오산이야.

가에탕 으악! 왜? 내가 또 무슨 잘못을 한 거야?

리안 네 바지를 보면 많은 걸 알 수 있어. 브랜드, 라인, 색상, 만든 곳과 파는 곳까지 말이야. 거기서 끝나는 게 아니야. 옷은 너의 사회적 위치, 가치관, 신념까지 드러내기도 해. 사람들 중에는 옷을 통해서 자신이 가진 환경주의적 가치관을 드러내는 사람들도 있지. 환경주의 가치관과 내가 매일 입는 옷을 연결하는 것, 그것이야말로 진정한 에코 라이프지.

가에탕 알겠어. 그렇지만 그런 옷을 찾으려면 어떻게 해야 하는데?

리안 일단은 옷에 달린 태그를 잘 살펴봐. 태그에는 옷을 어떻게 다뤄야 하는지 써 있지만, 그 옷의 브랜드가 추구하는 가치관에 대해서도 알 수 있어. 예를 들어 신발이 필요하다면,

자연주의 브랜드인 엘나뚜라리스타(El Naturalista) 같은 브랜드가 좋을 거야. 엘나뚜라리스타의 슬로건은 '삶의 방식, 생각의 방식, 실천의 방식(A way of life, A way of thinking, A way of acting)'이야. 이 회사는 재활용 소재를 사용해서 신발을 만들어. 신발을 살 돈으로 착한 삶과, 착한 생각, 착한 실천과 같은 가치를 살 수 있다는 거지.

가에탕 그래, 알겠어. 하지만 나는 바지가 필요한걸.

리안 음, 그래? 그렇다면 친환경적으로 생산되는 천연 섬유로 만든 옷을 사는 게 좋아. 린넨이나 캔버스(쉽게 해지지 않는 걸로 유명해. 역사상 첫 청바지도 이 원단으로 만든 거였어), 쐐기풀 옷(이건 중세 시대에 널리 사용됐던 소재지) 같은 직물은 요즘도 의복의 소재로 널리 쓰이고 있어.

가에탕 좋아. 친절하게 알려 줘서 고마워! 그렇지만 솔직히 말하면 그런 옷들은 가게에서 쉽게 구할 수 없잖아. 다른 방법은 없을까?

리안 헌 옷 가게에 가 봐. 직접 가도 좋지만 인터넷에도 많아. 거기서 중고 의류들을 많이 찾을 수 있을 거야. 중고 옷을 사는 것은 옷에 두 번째 삶을 부여하는 거야. 불필요한 소비를 줄이니까 이산화탄소 배출량도 덩달아 줄어들고 말이야.

가에탕 리안, 너 없이 내가 어떻게 살 수 있겠니? 이번엔 정말 쉽다.

그린피스

세상에는 수많은 단체가 있고 저마다 추구하는 목표가 다양하다.
그중 지구 환경을 지키고 잘 보전하기 위해 힘쓰는 사람들이 모인
곳도 많다. 이런 환경 단체 중에서 세계에서 가장 유명한 단체가
바로 그린피스다.

Greenpeace

2011년은 그린피스가 설립된 지 40주년을 맞는 해였다. 캐나다에서 처음 시작된 세계적 환경 보호 비정부기구(NGO) 그린피스는 설립 이래로 환경 보호를 위한 활동을 끊임없이 전개해 왔다. 그린피스의 급진적이면서도 비폭력적인 환경 보호 운동은 언론에도 꽤 많이 소개되었다. 언론에 비친 이들의 활동을 보고 있자면 그린피스의 환경 운동은 세상을 바꾸는 캠페인이라기보다 먼저 자신부터 실천하는 삶의 태도이자 신념이라고 하는 편이 더 맞다는 생각이 든다.

현재 그린피스의 실무자 수는 약 1,200명에 달하며, 그린피스를 지지하는 회원들의 수는 3백만 명에 이른다. 모두가 그린피스 안에서 지속가능한 삶을 꿈꾸며 점점 성장해 가고 있다. 이 '녹색 전사'들은 기상 이변 문제, 에너지 고갈 문제, 원자력 발전소 문제, GMO(유전자 변형 식품) 문제, 해양 오염, 산림 오염 등 그야말로 온갖 분야에서 투쟁하고 있다. 이처럼 그린피스가 세계적인 단체로 성장하고 다양한 분야에서 활동할 수 있게 된 원동력은 구성원 모두가 스스로 실천하고 주변에 전파하는 삶을 지향하기 때문이다.

일례로 1995년 그린피스가 북해에 있는 석유 저장 시설 브렌트 스파(Brent Spar)를 점거한 일이 있다. 브렌트 스파는 수명이 다해 폐기될 때 바다 깊은 곳에 수장될 예정이었는데 이는 큰 환경 오염을 일으킬 가능성이 있었다. 바로 그때 그린피스가 나선 것이다. 당시 브렌트 스파를 세운 석유 에너지 기업 셸(Shell)은 결국 수장 계획을 철회하고 시설을 육지로 가져와 해체하기로 결정했다.

그린피스의 슬로건은 "지구적으로 생각하고, 지역적으로 행동하라(Think globally, act locally)."다. 프랑스의 농학자이며 생물학자이자 환경론자인 르네 뒤보(René Dubos, 1901-1982)의 명언을 강령으로 삼은 것이다. 그린피스는 유럽에만 해도 총 25개의 지역 사무소가 있으며, 환경 보호에 관심 있는 시민들과 함께 다양한 시위나 캠페인을 진행하고 있다. 예를 들어 대형 마트에서 파는 멸종 위기 생선 통조림에 경각심을 불러일으키는 스티커를 붙이거나, 사람들이 많이 지나다니는 곳에 플래카드를 설치해 대기업의 환경 파괴 사례를 선전하는 식이다.

또한 그린피스는 1998년부터 지금까지 계속해서 GMO 식품에 대한 가이드라인을 만들어 발표하고 있다. 현대인들은 GMO 식품을 자신도 모르는 새에 먹게 되는 경우가 많은데 이를 피하고 싶다면 그린피스의 가이드라인이 꽤 큰 도움이 될 것이다.

그러나 이러한 그린피스에 활동에 대해서도 비판의 목소리가 없는 것은 아니다. 2011년 《누가 환경을 죽였지? (Qui a tué l'écologie?)》의 저자 파브리스 니콜리노(Fabrice Nicolino)는 이 책을 통해 그린피스에 대해 비판의 날을 세웠다. 파브리스는 그린피스가 일반 시민들이 중심이 된 활동에서 전문가 집단 중심의 활동으로 바뀌어 가는 점을 들어 그린피스가 점점 '자본주의화' 되고 있다고 규탄했다.

어쩌면 파브리스의 말이 사실일지도 모른다. 그러나 그린피스는 여전히 세계자연기금(WWF)과 함께 환경 보호를 위한 핵심적 국제기구로서의 역할을 수행하는 가장 크고 활동적인 단체임에는 틀림없다.

레인보우 워리어 3호

그린피스는 지난 2011년 환경 감시선 레인보우 워리어 3호 건설을 위해 후원 캠페인을 벌였다. 1유로짜리 나사부터 7천 유로짜리 제염 장치에 이르기까지, 레인보우 워리어 3호는 후원자들이 각자의 재정 상황에 따라 기부한 후원금으로 만들어졌다. 그해 9월, 배 건조에 필요한 자금의 50퍼센트 이상이 후원금으로 들어왔고 레인보우 워리어 3호는 현재 전 세계 바다 위를 누비고 있다.

● 연관 키워드

대안 세계화 | 싸구려 고기 | 보보족 | 번아웃 증후군 | 현장 | 합의 | 퇴비화 화장실 | 협동 | 탈성장 | D.I.Y. 집짓기 | 생태 발자국 | 공정무역 | 거버넌스 | 온실가스 | 그린 태그 | 그린피스 | 그린워싱 | 소유 | 허브 오일 | 주택 | 빨리빨리 | 무한성 | 투자 | 쓰레기 | 킬로와트 | 1901년 법 | 원산지 | 존 뮤어 | 상리 공생 | 자연 농업 | 이의 | 공원 | 독성 | 진보 | 품질 | 재생 가능 에너지 | 체념 | 제6의 대륙 | 사회적 연대 경제 | 소셜 펀딩 | 지속가능한 발전 | 텔레비전 | 헨리 데이비드 소로 | 에너지 전환 운동 | 극단적 자연주의 | 도시 계획 | 여행 | 늑대 | 요거트 | 상업 지구

그린워싱

그린워싱이란 말을 들어 본 적이 있는가? 초록색 주방용 세제 병을 떠올렸다면 그린워싱에 대해 제대로 알아보자.

Greenwashing

그린워싱이란 환경을 상징하는 색깔인 녹색(Green)과 세탁을 의미하는 워싱(Washing)을 합쳐서 만든 용어다. 최근 환경에 대한 관심이 높아지고, 친환경적인 제품을 찾는 소비자가 많아지자 기업들도 사회적 요구에 발맞추지 않을 수 없게 되었다. 마트 진열대에 유기농 인증 마크가 붙은 식품이 빼곡히 채워지기 시작한 것도 바로 그러한 이유 때문이다.

그런데 친환경을 강조하는 분위기가 계속되다 보니 어이없는 일들도 일어나기 시작했다. 실제로는 친환경과 전혀 관련이 없는데 마치 환경을 위한 상품인 것처럼 마케팅하는 회사가 늘어

나기 시작한 것이다. 바로 이렇게 친환경과는 상관없는 것을 마치 친환경적인 것으로 이미지를 세탁하는 행위를 그린워싱이라 부른다. 정말 믿을 놈 하나 없는 세상이 아닌가! 이러한 꼼수에 속지 않으려면 그린워싱을 알아보는 혜안을 길러야 한다. 자, 그럼 어떤 것이 그린워싱인지 함께 알아보자.

• 손바닥으로 하늘을 가리다니?

담배갑 속에는 반짝이는 은색 종이가 포장지로 들어 있다. 그런데 프랑스에서는 이 종이를 친환경적인 소재로 바꾸었다. 재활용이 가능한 종이로 대체한 것이다. 전 세계를 상대로 담배를 판매하는 회사인 브리티쉬아메리칸타바코(BAT)는 포장지를 바꾼 이유에 대해 '담배의 원료를 제공해 주는 지구를 보호하기 위해서'라고 말했다. 정말 그럴까? 단순히 담배 회사의 나쁜 이미지를 개선할 방책의 하나가 아니었을까?

• 환경 보호 따로, 환경 파괴 따로?

프랑스에는 시멘트 벽돌을 생산하는 기업들이 모여 만든 '블로칼리앙(Blocalians)'이라는 협회가 있다. 이 협회는 자신들의 시멘트 벽돌이 재활용 가능한 친환경 소재로 만들어졌다는 점을 대대적으로 홍보하고 있다. 그러나 이 협회에 속한 회사들의 생산 방식이 과도한 에너지 소비를 유발하고, 환경에 유해한 첨가물을 사용하는 방식이라는 비판이 일고 있기도 하다.

• 광고 카피만 환경 보호?

2004년, 프랑스전력공사(EDF)의 슬로건은 '미래는 현재의 선택'이었다. 그 뒤 2009년에는 '에너지를 함께 바꿉시다.'라는 캠페인을 벌였다. 그래, 좋다. 그렇지만 프랑스 내에서 EDF가 생산하는 전력 중 87퍼센트는 원자력 발전소에서 만들어지는 것이다. 원자력 발전이 과연 환경에 좋은 '선택'이란 말인가?

앞에서 살펴보았듯이 그린워싱이란 일종의 '환경 위장주의'로, 기업들이 환경 보호와 지속가능한 발전이라는 명목 아래 자신들의 활동을 과장하여 홍보하는 것을 일컫는다. 환경 보호를 위한 것이라고 떠들지만 실제로는 환경에 악영향을 주는 활동을 홍보하는 경우도 많다. 만약 어떤 회사가 자신들의 친환경적 활동을 홍보하는 데 들인 예산이 정작 환경 보호를 실천하는 데 사용한 예산보다 많다면 이미 그 회사는 신뢰할 수 없는 기업임을 스스로 증명하고 있는 것이다. 그런 회사는 단지 그린워싱을 하고 있을 뿐이다.

인간의 활동이 환경에 악영향을 끼친다는 인식이 널리 퍼져나가자 일부 기업들은 문짝만 녹색으로 대충 칠해 놓고 소비자들을 꾀려는 모습을 보이고 있다. "저에게는 친환경주의라는 녹색 가면이 필요해요. 요즘 사람들에게 환경은 아주 중요하잖아요. 아시죠? 물건을 팔고 싶다면 고객의 마음을 사야 하는 거."

친환경 기업

모든 기업이 친환경 상품에 관심을 기울이는 시대라 해도 과언
이 아니다. 하지만 무늬만 친환경이고 알고 보면 단지 그린워
싱을 하는 기업이 부지기수다. 그러므로 그린워싱과 진짜 친환
경 기업의 홍보 활동을 혼동하지 않도록 주의해야 한다. 2010
년 프랑스의 환경전문잡지 〈테라에코(Terra Eco)〉에는 이와 관
련한 보고서 한 편이 실렸다. 보고서의 내용에 따르면 진짜 친
환경 기업의 홍보 활동은 마치 환경 운동 단체들이 하는 것처
럼 대중의 변화를 촉구하며, 소비자가 생활 속에서 친환경주의
를 실천으로 옮기도록 격려하는 역할을 한다고 한다. 그리고
친환경 기업들의 홍보 활동은 사회적 변화를 확산시키는 것은
물론이고 사람들에게 올바른 판단력과 개선된 인식을 심어 주
는 기능을 하고 있다고 발표했다. 그러니까 늘 정신을 바짝 차
리고 진짜와 가짜를 구분하는 방법을 익혀 두자.

● 연관 키워드

대안 세계화 | 싸구려 고기 | 보보족 | 번아웃 증후군 | 헌장 | 합의 | 퇴비화 화장실 | 협동 | 탈성장 | D.I.Y.
집짓기 | 생태 발자국 | 공정무역 | 거버넌스 | 온실가스 | 그린 태그 | 그린피스 | 그린워싱 | 소유 | 허브
오일 | 주택 | 빨리빨리 | 무한성 | 투자 | 쓰레기 | 킬로와트 | 1901년 법 | 원산지 | 존 뮤어 | 상리 공생 | 자
연 농업 | 이의 | 공원 | 독성 | 진보 | 품질 | 재생 가능 에너지 | 체념 | 제6의 대륙 | 사회적 연대 경제 | 소
셜 펀딩 | 지속가능한 발전 | 텔레비전 | 헨리 데이비드 소로 | 에너지 전환 운동 | 극단적 자연주의 | 도시
계획 | 여행 | 늑대 | 요거트 | 상업 지구

소유

소유냐, 존재냐? 철학자 에리히 프롬은 일찍이 우리에게 이렇게 질문을 했다. 과연 소유하는 것은 우리를 행복하게 할까?

Have

가질까, 말까. 나는 소유하기 때문에 존재한다? 그렇다면 어떤 것을 소유하고 있는 나는 도대체 누구인가? 물건을 소유하는 순간 나라는 존재는 사라지는 것이 아닐까? 물건을 소유하고 있을 때 나는 누구인가? 무엇인가? 대답해 보라.

사회는 우리에게 소비해야 한다고 다그친다. 사라, 소유하라. 가질까, 말까? 무엇을 가질까? MP3 플레이어, 컴퓨터, 집, 아우디, 수영장, 베란다, 뱀, 사우나를 가지라고 한다. 소유하라, 그러면 존재할 것인가? 이 따위 질문이 도대체 무슨 소용인가?

소비하라. 소비하고, 쓰고 버리고, 사고 또 사라. 그 무엇도 지속될 수 없으니까. 그 무엇도 바꿀 수 없으니까. 그 무엇도 오래갈 수 없으니까. 버려라. 쉬지 않고 몰두하라. 빚을 뒤집어쓰라. 존재와 소유 사이에서 오락가락하라. 필요를 채우기 위해 욕심을 가져라. 재산을 축적하는 것으로 기쁨을 누려라.

소비한다. 소비한다. 소비한다. 바보가 된다. 신상 소파에 앉아 미소 짓고, 만족한다. 마음이 누그러진다. 소파 옆에 커다란 오디오를 둔다. 소리가 굉장하다. 하지만 일 년 뒤 어느 날, 이 오디오는 수명을 다하게 될 것이다. 예정된 일이다. 새 제품을 사야 한다.

나눔, 연대, 사랑, 우정? 그런 말은 책에서나 나오는 말이다. 분명 그런 것들은 우리를 미소 짓게 하지만, 나는 소파에 혼자 앉아 있을 뿐이다. 유감이다. 이건 인민 재판이다. 사회는 더 소비하라고 채근해댄다. 돈을 지출하라고 명령한다. 생각 없이 소비한다. 소유욕, 그것은 필요가 아닌 필수다.

지금은 소비의 사회다. 소비, 소비. 이 시대 최고 명령이다. 젠장. 나는 소유하고 있으므로 아무것도 아니다. 나는 너무 소유했으므로 더 아무것도 아니다. 더는 그 누구도 아니다.

그러나 이 시스템의 포로로 살아가야 할 이유는 없다. 지난 60년 동안 각 가정의 물건의 수가 300개에서 3000개로 늘어났다. 온갖 물건 없이는 살 수 없다고 스스로를 설득해 왔다. 쏟아지는 광고들. 이걸 드세요. 저걸 사세요. 이걸 가지고 노세요. 이렇게 하세요. 늙지 마세요. 확신하세요. 안심하세요. 당신을 위한 것이에요. 존재한다. 존재하거나 존재하지 않는다. 존재하지 않기 위해 소유한다. 드러나지 않기 위해 드러낸다. 계속 풀을 뜯기 위해 소유한다. 양 떼. 소비. 울타리를 뛰어넘어라. 무리의 한 마리로 남지 말고! 자, 새로운 명제가 여기 있다. 나는 소유하지 않았다. 그러므로 존재한다.

● 연관 키워드

대안 세계화 | 싸구려 고기 | 보보족 | 번아웃 증후군 | 헌장 | 합의 | 퇴비화 화장실 | 협동 | 탈성장 | D.I.Y. 집짓기 | 생태 발자국 | 공정무역 | 거버넌스 | 온실가스 | 그린 태그 | 그린피스 | 그린워싱 | 소유 | 허브 오일 | 주택 | 빨리빨리 | 무한성 | 투자 | 쓰레기 | 킬로와트 | 1901년 법 | 원산지 | 존 뮤어 | 상리 공생 | 자연 농업 | 이의 | 공원 | 독성 | 진보 | 품질 | 재생 가능 에너지 | 체념 | 제6의 대륙 | 사회적 연대 경제 | 소셜 펀딩 | 지속가능한 발전 | 텔레비전 | 헨리 데이비드 소로 | 에너지 전환 운동 | 극단적 자연주의 | 도시 계획 | 여행 | 늑대 | 요거트 | 상업 지구

H

허브 오일

친환경적인 삶을 추구하는 사람들은 화학적인 치료보다 자연 요법을 선호하기도 한다.

Herb oil

연속극 〈그린 러브〉
제5화 - 아로마테라피? 러브테라피?
촬영지 - 실내 세트, 가에탕의 방

리안 그래서? 어떻게 됐어?

가에탕 그때 산 새 옷으로 점수를 좀 딴 것 같아. 바네사가 내일도 만나자고 했거든. 그런데 말이야, 리안. 이번에야말로 네 도움이 절실해. 이제 곧 바네사 생일이거든. 생일 선물을 잘못 골라서 점수를 잃을 수는 없어.

리안 어디 보자. 에센셜 오일은 어때?

가에탕 그게 뭐야?

리안 허브 오일 말이야. '허브에서 추출한 휘발성 오일'이지. 바네사라면 분명히 아로마테라피에도 관심이 있을걸.

가에탕 그래. 방금 네 말을 듣고 보니, 지난번에 바네사가 머리가 아플 때 가방에서 조그만 뭔가를 꺼내서 냄새를 맡았던 거 같아.

리안 아마 페퍼민트 오일이었을 거야.

가에탕 아로마테라피라……. 효과가 있어?

리안 물론이지. 화학 약품보다 자연 의학을 선택하는 건 그럴 만한 가치가 있어서야. 또 우리가 먹는 약에 들어가는 주요 성분 중 일부는 실제로 식물에서 추출하는 거니까. 그리고 자연 의학에 대한 부정적인 인식은 문화적인 배경에서 시작되는 것이기도 해. 서양에서는 몸이 안 좋으면 병을 낫게 하는 데 집중하잖아?

가에탕 당연히 몸이 아프면 병을 치료해야 하는 거 아니야?

리안 아니, 꼭 그렇지는 않아. 동양의 한의학에서 의사의 역할은 병을 치료한다기보다는 환자가 건강한 체질을 가질 수 있도록 보완해 주는 것이거든. 의학을 아플 때 찾는 수단이 아니라 병을 이겨 낼 수 있는 체질을 만드는 수단으로 보는 거지.

가에탕 엄청나다! 그러니까, 에센셜 오일을 쓰는 것도 그런 이유에서구나.

리안 바로 그거야. 요즘은 에센셜 오일로 천연 화장품을 만들기도 해. 또, 음식에 넣을 수도 있고 방향제로도 쓸 수 있지.

가에탕 알았어. 바네사의 생일 선물로 당장 에센셜 오일을 사야겠어. 그런데 있잖아. 혹시 사랑에 빠지게 하는 오일 같은 건 없니?

리안 그런 마법 같은 오일은 없지만 장미목이나 일랑일랑에서 추출한 오일은 최음 효과가 있다고 해. 그 덕을 좀 보는 건 어때?

가에탕 덕이라……. 아직 거기까지는 무리일 것 같아. 첫 데이트일 뿐인걸. 조금 더 가벼운 걸로 하고 싶어.

리안 그럼 로만 카모마일은 어때? 로만 카모마일에는 안정감을 주는 효과가 있어.

가에탕 그게 좋겠다. 고마워. 리안. 그런 선물이라면 바네사가 정말 좋아할 거야.

리안 그래. 나한테 무엇이든 물어봐!

● 연관 키워드

H

주택

이제는 주택에 새로운 가치를 부여해야 할 때다. 집은 우리 일상생활의 기틀이 되고 우리를 쉴 수 있게 하는 가장 이상적인 장소가 되어야 한다.

House

집이 최고의 휴식 장소라는 점에 대해 반대할 사람은 아무도 없을 것이다. 하지만 놀랍게도 현대인의 집은 오히려 인간의 건강을 위협한다고 한다. 집을 짓는 데 사용되는 페인트나 접착제로 압축한 인조 목재 등에서 나오는 온갖 독성 물질들 때문이다. 독성 물질뿐만이 아니다. 난방으로 실내 기온은 점점 올라가는데 환기는 자주 하지 않는 생활 습관의 변화는 진드기 같은 각종 해충이 잘 자라는 환경을 만들었다. 이처럼 집에서 흔히 발생하는 눈에 보이지 않는 공해의 종류를 적어 내려 가자면 끝이 없을 정도로 많다. 하지만 집에서 발생하는 공해에 대한 해결책은 아직까지도 거의 찾지 못했다.

집 안 곳곳에서 나오는 독성 물질 탓에 아토피 피부염이나 알러지 같은 만성 질환을 앓는 사람이 많아졌다. 그로 인해 되도록 자연 가까이에서 살려는 사람들이 늘어났고, 이제 자연 속에서의 삶은 하나의 경향이 되었다. 만약 이런 경향에 발맞추어 자연 속에서 살아 보고 싶다는 마음이 있다면 망설이지 말고 실행에 옮기는 것도 좋다. 시멘트와 유리 섬유로 사방이 둘러싸인 곳에서 답답하게 사는 것보다 새로운 거처를 찾아 나서는 삶이 훨씬 행복할 수 있다. 숲 속의 오두막에 살든, 캠핑카를 타고 아름다운 경치를 찾아 돌아다니든, 산꼭대기에 산장을 짓고 산짐승들과 더불어 살든, 창의력을 발휘한다면 선택의 폭은 넓어진다.

주택에서 발생하는 공해 문제를 해결하기 위해서는 우리가 사는 도시가 새롭게 편성되어야 한다. 현대의 도시는 빠르게 성장해 나가고 있으며, 성장해 나가는 만큼 더 심하게 환경을 오염시키고 있다.

이런 환경 오염 문제를 해결하기 위해 세계 각국에서는 수많은 건축가들과 도시 개발 계획가들이 지금까지와는 다른 도시, 환경 보호에 적합한 환경 친화적 맞춤형 도시를 만들기 시작했다. 우선 환경 친화적 맞춤형 도시를 만들기 위해 건축가들은 전기를 건물 자체에서 생산할 수 있는 빌딩을 만들었다. 과학 기술의 발전이 에너지를 자체적으로 만들어 내는 도시를 가능하게 한 것이다. 현재 건물 안에 풍력 발전기를 설치하여 바람이 통과할 때마다 전력을 생산해 내거나, 태양광 집열판으로 전력을 생산하는 시설을 만들거나, 한번 사용한 물을 여러 번 재활용할 수 있는 건물들이 꾸준히 건설되고 있다.

한편, 도시 농업도 도시 생활 속 환경 오염으로부터 우리를 지키고 지속가능한 발전을 가능하게 하는 한 방법이다. 옥상 정원에서부터, 도심 속 농장에 이르기까지 도시 농업을 통해 농산물을 생산하려는 운동이 도시 곳곳에서 시도되고 있다.

녹색 공간이 어우러진 도시는 환경 오염이 없고, 공해로 인해 발생하는 질환도 없는 친환경적 도시를 짓기 위한 첫발이다. 우리가 살고 있는 집이 이제는 변화의 한복판에 놓여 있다. 놀랄 만한 일이 아니다. 집을 안락하고 편안한 곳으로 만들려고 노력하는 것은 당연한 일이 아닌가!

훈데르트바서

오스트리아의 건축가 훈데르트바서(Hundertwasser, 1928-2000)는 마치 그림 속에 나오는 것 같은 독특한 예술 건축물을 만들었다. 이 건축물의 가장 큰 특징은 자연과 조화를 이루고자 하는 굳은 의지가 드러난다는 점이다. 훈데르트바서는 1986년 오스트리아 빈에 자신의 이름을 딴 '훈데르트바서 하우스(Hundertwasser haus)'를 완성했다. 이 건물은 연립 주택으로, 50개의 집이 공동체를 이루어 살 수 있도록 구성되어 있다. 특이한 점은 각 집들의 창문이 규격화되어 있지 않고 지붕에는 나무를 심어 놓았다는 점이다.

● 연관 키워드

대안 세계화 | 싸구려 고기 | 보보족 | 번아웃 증후군 | 현장 | 합의 | 퇴비화 화장실 | 협동 | 탈성장 | D.I.Y. 집짓기 | 생태 발자국 | 공정무역 | 거버넌스 | 온실가스 | 그린 태그 | 그린피스 | 그린워싱 | 소유 | 허브 오일 | 주택 | 빨리빨리 | 무한성 | 투자 | 쓰레기 | 킬로와트 | 1901년 법 | 원산지 | 존 뮤어 | 상리 공생 | 자연 농업 | 이의 | 공원 | 독성 | 진보 | 품질 | 재생 가능 에너지 | 체념 | 제6의 대륙 | 사회적 연대 경제 | 소셜 펀딩 | 지속가능한 발전 | 텔레비전 | 헨리 데이비드 소로 | 에너지 전환 운동 | 극단적 자연주의 | 도시 계획 | 여행 | 늑대 | 요거트 | 상업 지구

H

빨리빨리

현대인들은 빠른 것을 좋아한다. 빠른 것은 자본주의 사회의 생리이기 때문이다. 자본주의 사회에서 빠른 것은 효율적이라는 뜻이며, 언제나 옳은 것이다. 그런데 과연 그럴까?

Hurry hurry

내일이 더 빨리 오게 시간을 마음대로 조정할 수 있다면 어떨까? 상상만 해도 재미있다. 그러나 시간은 물리적으로 항상 동일한 속도로 흐르고 있다. 흥미로운 점은 언제나 동일한 속도로 흐르는 시간을 사람들이 '시간이 안 간다.'거나 '시간이 짧다.'고 말한다는 것이다. 사람들의 의식 속에서 시간은 상대적인 것이며 심리적인 것인가 보다.

독일의 사회학자이자 철학자인 하르트무트 로자(Hartmut Rosa)는 "모든 것이 점점 더 빨라지고 있다."고 말했다. '가속화' 야말로 현대 사회의 대표적인 특징이다. 기술의 가속화(교통, 통신 등), 사회 변화의 가속화(라이프스타일, 가족 구조 등) 그리고 삶의 리듬에 이르기까지 정말 모든 것이 가속화되고 있다. 심지어 방향마저 잃고 달려가고 있으며, 더 나아가 지나친 속도 경쟁으로 인해 개인의 삶이 소외당하는 일까지 발생하고 있다.

가속화를 멈추고 싶다면, 또는 시간을 바로잡고 싶다면 그 해결책을 슬로푸드 운동에서 찾을 수 있다. 1986년 이탈리아의 음식 비평가 카를로 페트리니(Carlo Petrini)가 시작한 슬로푸드 운동은 세계적으로 퍼져 가는 패스트푸드 문화에 맞서기 위해 발의됐다. 슬로푸드는 단 몇 년 만에 하나의 삶의 미학으로 자리

잡았다. 슬로푸드국제협회는 전 세계에 10만 명이 넘는 회원을 거느린 명실상부한 국제기구가 되었고, 주로 음식과 농업에 대한 '호기심 어린 태도, 미식을 즐기는 태도, 책임 있는 태도'를 홍보하고 장려하고 있다.

슬로푸드 운동을 시작으로 언제나 '빨리빨리!'라고 외치며 우리를 짓누르는 사회 분위기에 맞선 '저항'이 곳곳에서 나타났다. 슬로푸드 운동은 다각도로 번져 나가서 최근에는 '슬로시티', '슬로트래블' 등 다양한 운동에도 영향을 미치고 있다.

또한 이런 일련의 새로운 삶의 미학에 더해, '슬로코어(slowcore)' 음악도 감상해 보자. 슬로코어는 1990년대에 등장한 음악 장르로, 너바나(Nirvana), 머드허니(Mudhoney) 등으로 대표되는 그런지 록(Grunge rock)에 대항하기 위해 생겨났다. 대표적인 가수로 아이다호(Idaho)나 로우(Low) 등이 있다.

● 연관 키워드

대안 세계화 | 싸구려 고기 | 보보족 | 번아웃 증후군 | 현장 | 합의 | 퇴비화 화장실 | 협동 | 탈성장 | D.I.Y. 집짓기 | 생태 발자국 | 공정무역 | 거버넌스 | 온실가스 | 그린 태그 | 그린피스 | 그린워싱 | 소유 | 허브 오일 | 주택 | 빨리빨리 | 무한성 | 투자 | 쓰레기 | 킬로와트 | 1901년 법 | 원산지 | 존 뮤어 | 상리 공생 | 자연 농업 | 이의 | 공원 | 독성 | 진보 | 품질 | 재생 가능 에너지 | 체념 | 제6의 대륙 | 사회적 연대 경제 | 소셜 펀딩 | 지속가능한 발전 | 텔레비전 | 헨리 데이비드 소로 | 에너지 전환 운동 | 극단적 자연주의 | 도시 계획 | 여행 | 늑대 | 요거트 | 상업 지구

무한성

우주의 일부인 인간은 끊임없이 자연 환경에 대해 생각하며 살아왔다. 그리고 이러한 우주와 환경에 대한 인간의 인식은 역사를 거치며 계속해서 진화해 왔다.

에코필름 제작-
지구와 인간들

"이렇게 두려운 영화는 처음이다!" - 워싱턴 포스트

Infinity

인간은 오랫동안 스스로를 자연의 지배를 받는 존재라고 여겨왔다. 인간에게 자연은 경이로운 찬미의 대상이기도 했지만 한편으로는 무한한 두려움의 대상이었다. 그도 그럴 것이 자연은 인간에게 풍요로운 자원을 제공하는 자애로운 존재이기도 했지만, 어느 날 갑자기 삶의 터전을 휩쓸고 지나가 모든 것을 빼앗는 공포 그 자체였기 때문이다. 따라서 원시 시대의 인간은 자연을 숭배하고 경외할 수밖에 없었다.

인간에게 자연은 신과 다름없었다. 그 때문에 원시 종교에서는 자연의 모든 요소에 신이 깃들어 있다고 여기는 샤머니즘이 발달했다. 원시 시대의 인간은 돌이나 나무에도 영혼이 있다고 여겨 그 앞에서 제사를 지냈다. 이는 결코 우연히 벌어진 일이 아니며, 오랫동안 이러한 전통이 남아 지금까지도 우리 삶 구석구석에 영향을 끼치고 있다.

그 뒤로 몇 세기가 지났고 과학이 발전하기 시작했다. 과학이 발전함에 따라 인간은 자연에 대해 좀 더 많은 것을 알 수 있게 되었다. 예를 들어 과학이 발전하기 이전에는 지구가 평평하다고 생각했다. 그러나 과학의 발달로 더는 지구가 평평하지 않다는 걸 알게 되었다. 이러한 변화는 인간이 마음 깊숙한 곳에 이제까지와는 다른 생각을 품게 했다. 즉, 인간은 자신을 둘러싼 자연과 자원들을 마음대로 휘두르는 위치에 서겠다는 생각을 갖게 된 것이다.

어쩌면 인간은 오만한 동물인지도 모른다. 자연 환경을 자기 마음대로 지배할 수 있다고 믿은 것을 보면 말이다. 결국 인간은 어떤 것이든 있는 그대로 놓아두지 않는 습성을 가지게 되었다. 자연을 자신의 편의대로 고쳐 버리기 시작한 것이다. 인간은 세계를 마음대로 제어하고자 하는 욕망에 취해 자연을 거스르고 인공적인 세상을 만들고자 했다.

그러나 결과적으로 자연을 인간의 지배하에 둘 수는 없었다. 자연은 그렇게 호락호락하게 착취의 대상이 되지 않았다.

우리는 자원이 한정된 행성에서 살고 있다. 만화 영화 〈토이 스토리〉에 등장하는 인물인 버즈 라이트이어는 "무한함을 향해서, 그 너머를 향해서(To infinity and beyond)!"라는 대사를 외친다. 사람들에게 용기를 주는 아주 멋진 대사지만 과연 지구 자원에도 해당하는 말일까?

만약 지구 자원이 무한하다고 생각한다면 크나큰 착각이다. 석유, 가스, 석탄 등 우리가 사용하는 자원 대부분은 한 번 이용하고 나면 다시 생겨나지 않는다. 끝없이 솟아나는 자원은 없다. 그런데도 지금처럼 계속해서 자원을 생각 없이 낭비하고, 자연을 과도하게 개발해서 환경을 오염시킨다면 원시 시대 사람들이 믿었던 것처럼 하늘이 노해서 우리에게 벌을 내릴지도 모른다. 농담이 아니다. 지금도 심각한 천재지변이 점점 더 빈번하게 일어나고 있지 않은가? 빈번한 자연 재해는 일종의 징후일 수 있다. 자연의 분노를 하찮게 받아들였다가는 큰 코 다칠 수 있다.

●**연관 키워드**

대안 세계화 | **생태 발자국** | 싸구려 고기 | 보보족 | 번아웃 증후군 | 헌장 | 합의 | **퇴비화 화장실** | 협동 | 탈성장 | D.I.Y.
집짓기 | **생태 발자국** | 공정무역 | 거버넌스 | **온실가스** | 그린 태그 | 그린피스 | 그린워싱 | 소유 | 허브
오일 | 주택 | 빨리빨리 | 무한성 | 투자 | **쓰레기** | 킬로와트 | 1901년 법 | 원산지 | 존 뮤어 | 상리 공생 | 자
연 농업 | 이의 | 공원 | 독성 | 진보 | 품질 | **재생 가능 에너지** | 체념 | 제6의 대륙 | 사회적 연대 경제 | 소
셜 펀딩 | 지속가능한 발전 | 텔레비전 | 헨리 데이비드 소로 | 에너지 전환 운동 | 극단적 자연주의 | **도시
계획** | 여행 | 늑대 | 요거트 | 상업 지구

Invest

투자

마이크로크레딧에 대해 들어 본 적 있는가? 마이크로크레딧은 돈이 꼭 필요한 가난한 이들에게 일상생활(생계비, 주택 구입, 구직 활동 등)이나 전문적인 사업에 필요한 소액의 돈을 대출해 주는 소액 대출 제도를 가리킨다.

Invest

1976년, 방글라데시의 경제학자이자 기업가인 무하마드 유누스는 '그라민 은행'을 세우고 새로운 대출 제도를 만들었다. 일반 은행에서는 담보가 없어 대출을 받을 수 없는 빈곤층에게 돈을 빌려주는 제도를 만든 것이다. 유누스는 '모든 사람은 누군가로부터 신뢰를 받으면 스스로를 책임지는 결정을 한다'고 생각했다.

그런데 신기한 일이 일어났다. 이 제도가 시행된 지 불과 몇 년 만에 그 누구도 유누스의 생각에 반박할 수 없을 만한 결과가 나온 것이다. 유누스가 빌려준 대출 금액의 채무 상환율은 무려 98퍼센트에 달했다. 거의 모든 사람이 돈을 성실히 갚은 셈이다. 마이크로크레딧의 사례는 세계에 큰 변화를 가져왔다. 전 세계적으로 소액 저축, 소액 보험 등 다양한 유사 제도들이 나타나기 시작한 것이다.

그렇다면 마이크로크레딧의 사례처럼 우리 모두가 평등하게 지속적으로 잘살 수 있게 도와주는 새로운 금융 제도가 생겨날 수 있을까? 아직 그 답을 알 수 없지만 여러 가지 다양한 시도들이 이루어지고 있는 것만큼은 사실이다. 1995년, 프랑스에는 '피낭솔(Finansol)'이라는 단체가 꾸려졌다. 이들은 사회 연대적 금융 제도를 널리 알리고 빈곤 문제를 근본적으로 해결하겠다는 사명을 띠고 활동을 시작했다. 사회 연대적 금융 제도란 예금을 통해 사회 통합과 대안 경제라는 두 마리 토끼를 잡을 수 있게 기획한 제도다. 예금자는 이 제도를 통해 자금을 빌리거나 모으고 관리할 수 있으며 자신의 예금 일부를 시민 단체나 환경 기구 중 한 곳에 투자할 수 있도록 선택할 수 있다.

한국에서도 몇 년 전부터 사회 연대적 금융 제도에 대한 관심이 높아졌다. 그리고 이러한 관심들이 최근 들어 실천으로 바뀌고 있는 중이다. 마이크로크레딧과 같이 빈곤층에 돈을 빌려주고 자활을 돕는 사회연대은행이 설립되는 등 앞으로 한국 사회에도 제도권 금융에서 소외된 이들을 위한 새로운 투자의 꿈이 크게 자라날 가능성이 엿보인다.

쓰레기

재활용은 이제 우리 삶에서 중요한 일부다. 그런데 인간만 재활용을 하는 것이 아니다. 자연은 아주 오랜 옛날부터 재활용을 해왔다.

Junk

　살아 있는 모든 것들은 자연의 섭리에 의해 살다가, 죽고, 분해되고, 자연으로 돌아갔다가, 원래의 모습과는 또 다른 모습으로 다시 태어난다. 그리고 이러한 과정이 끝없이 순환되면서 자연의 균형이 유지된다. 지구 상에 인류가 나타나기 전까지는 쓰레기라는 것이 존재하지 않았다. 모든 물질이 썩어서 자연으로 돌아갔다가 다시 새 생명으로 태어났으니까. 하지만 인간이 등장하고부터는 상황이 달라졌다. 신이 인간을 창조했고, (물론 신을 믿지 않는다면 이 설명이 타당하게 여겨지지 않겠지만) 얼마 지나지 않아 인간이 쓰레기를 창조한 셈이다.

　문제는 이 지구에 사람들이 점점 늘어나고 있다는 점이다. 인구가 늘어난다는 말은 그만큼 쓰레기의 양도 늘어나고 있다는 뜻이 된다. 따라서 지구를 보호하고, 환경 오염으로 인한 피해를 줄이기 위해서 인간은 자연을 본받아야 할 필요가 있다.

　이쯤에서 옛날이야기를 조금 해 보자. 아주 오래전, 프랑스 파리 사람들은 쓰레기를 길거리에 버리거나 땅속에 쓰레기를 묻었다. 그런데 재미있는 일이 벌어졌다. 땅속에서 '화석화'가 된 것이다. 그리고 이렇게 화석화된 쓰레기를 통해 우리는 2천년 전 프랑스 사람들의 생활을 추측해 볼 수 있다. 고맙다. 쓰레기들이여! 과거의 증인이여!

1883년 11월 24일, 프랑스 센느 지역의 지사인 위젠 푸벨 (Eugène Poubelle)이 파리의 집주인들에게 시행령을 하나 발표한다. 시행령의 내용은 집주인이 세입자에게 뚜껑이 달린 쓰레기 처리 시설을 제공해야 한다는 것이었다. 우리가 흔히 쓰는 '쓰레기통'은 바로 이렇게 태어났다. 덧붙이자면 프랑스에서는 지금도 쓰레기통을 당시 파리 지사의 이름을 따 '푸벨'이라고 부른다.

한편, 한국은 1995년 스위스, 독일, 일본 다음으로 쓰레기 종량제를 도입했다. 세계에서 네 번째로 종량제를 도입한 뒤로 한국의 쓰레기 배출량이 많이 줄었다고는 하나 여전히 갈 길이 멀다. 1995년 이후부터 최근까지 약 20년 동안 한국에서 발생한 생활 쓰레기는 무려 3억 6천만 톤에 달하며, 이 쓰레기들은 재활용이 불가능하다.

그러면 재활용이 불가능한 쓰레기는 어떻게 처리할까? 가장 흔하고 쉬운 방법은 태워 버리는 것이다. 그러나 태우는 방법도 완전한 해결책은 아니다. 쓰레기를 태우면 발암 위험이 높은 다이옥신이라는 물질이 발생하고, 이 물질이 대기를 오염시키기 때문이다. 쓰레기를 처리하는 다른 방법으로는 땅을 파서 쓰레기를 묻는 것이 있다. 이 경우에는 쓰레기에서 나온 오수(침출수)가 토양을 오염시킬 수 있다.

현재는 쓰레기 문제로부터 완전히 자유로워질 수 있는 뾰족한 수가 없다. 우리에게는 더 근본적이고 획기적인 해결책이 필요하다. 딱 하나 아주 효과적인 방안이 있다. 환경을 오염시키지 않고 근본적으로 쓰레기 문제를 해결할 수 있는 묘안은 바로, 처음부터 쓰레기를 만들지 않는 것이다. 아주 명쾌하지 않은가?

● 연관 키워드

대안 세계화 ┃ 싸구려 고기 ┃ 보보족 ┃ 번아웃 증후군 ┃ 헌장 ┃ 합의 ┃ 퇴비화 화장실 ┃ 협동 ┃ 탈성장 ┃ D.I.Y. 집짓기 ┃ 생태 발자국 ┃ 공정무역 ┃ 거버넌스 ┃ 온실가스 ┃ 그린 태그 ┃ 그린피스 ┃ 그린워싱 ┃ 소유 ┃ 허브 오일 ┃ 주택 ┃ 빨리빨리 ┃ 무한성 ┃ 투자 ┃ 쓰레기 ┃ 킬로와트 ┃ 1901년 법 ┃ 원산지 ┃ 존 뮤어 ┃ 상리 공생 ┃ 자연 농업 ┃ 이의 ┃ 공원 ┃ 독성 ┃ 진보 ┃ 품질 ┃ 재생 가능 에너지 ┃ 체념 ┃ 제6의 대륙 ┃ 사회적 연대 경제 ┃ 소셜 펀딩 ┃ 지속가능한 발전 ┃ 텔레비전 ┃ 헨리 데이비드 소로 ┃ 에너지 전환 운동 ┃ 극단적 자연주의 ┃ 도시 계획 ┃ 여행 ┃ 늑대 ┃ 요거트 ┃ 상업 지구

킬로와트

환경을 오염시키지 않는 가장 좋은 방법은 뭘까? 바로 에너지를 낭비하지 않는 것이다. 하이브리드 자동차를 타는 것보다 걸어 다니는 것이 낫고, 공기 청정기를 켜는 것보다는 창문을 여는 것이 낫다.

Kilowatt

선진국의 생활 방식은 필연적으로 에너지 낭비를 유발한다. 지구에 살고 있다고 해서 모두가 동일한 양의 에너지를 사용하는 것은 아니다. 미국에서는 한 사람이 일 년 동안 약 8톤의 석유를 사용하는 데 비해, 방글라데시에서는 한 사람이 일 년 동안 그 40분의 1밖에 사용하지 않는다. 이는 비단 석유 사용량만의 문제가 아니다. 전력 사용량에서도 선진국과 개발 도상국 사이에는 확연한 차이가 나타난다. 프랑스에서는 한 사람이 일 년 동안 7,800킬로와트/시(kilowatt-hour)의 전력을 소비하는데, 이는 에티오피아의 일 인당 연간 전력 사용량인 42킬로와트/시보다 185배 많은 수치다. 더 놀라운 점은 전 세계 인구의 약 3분의 1가량이 아예 전기 없이 살아간다는 점이다. 우리가 당연하게 사용하는 전기를 사용하지 못하는 사람이 전체 인구의 3분의 1에 달한다니. 어찌 보면 세상은 참 불공평하다.

하지만 에너지를 전혀 사용하지 않고 살아갈 수는 없다. 자동차도, 컴퓨터도, 가스레인지도 없이 살아가는 삶을 생각해 보라. 아마 우리 현대인은 하루도 제대로 살기 힘들 것이다. 에너지를 계속해서 사용할 수밖에 없다면 우리는 환경 보호를 할 수 없는 걸까? 환경 오염을 막기 위해 우리가 할 수 있는 일은 없을까?

당연히 있다. 일단 가능한 한 화석 에너지의 사용을 피해야 한다. 화석 에너지란 석유, 천연가스, 석탄 등 고대 생명체들의 화석에서 추출한 에너지 자원을 일컫는 말이다. 화석 에너지는 재활용이 불가능한 에너지며, 사용할 때마다 온실가스가 발생해 대기를 오염시킨다. 또한 저장량도 지극히 적어서 지금과 같은 기세로 계속해서 석유와 가스를 사용한다면 몇십 년 안에 동나고 말 것이다. 석탄의 경우, 석유나 가스보다 사정이 조금 낫다고 하지만 사실 별반 다를 바 없다.

개발 초기에는 꿈의 에너지로 알려졌던 원자력 에너지 또한 재생 불가능한 에너지의 범주에 들어서기 시작했다. 한 보고서에 따르면 백 년 이내에 원자력 발전의 원료인 우라늄의 저장량이 고갈된다고 한다. 원자력 에너지는 자원 고갈보다도 더 심각한 문제점을 가지고 있는데 바로 방사성 폐기물의 처리 문제다. 원자력 발전 뒤에 나오는 방사성 폐기물은 수천 년간 사라지지 않으며, 폐기물에서는 인체에 해로운 물질이 계속해서 흘러나온다. 방사능 물질을 잘못 처리하게 되면 후쿠시마 원전 사고의 경우처럼 사람이 도저히 손쓸 수 없는 대재앙이 발생하기 때문에 매우 위험하다.

혹시 '네가와트(NegaWatt)'라는 말을 들어 본 적이 있는가? 네가와트란 전력의 단위인 와트와 부정적인 것을 뜻하는 네거티브라는 단어가 합쳐져 만들어진 신조어다. 네가와트는 전력을 새로 생산하지 않고 절약하며 살아가는 삶의 방식을 뜻한다. 네

가와트를 표방하는 단체들은 현재 전 세계를 지배하고 있는 에너지 낭비로부터 벗어나기 위한 대안을 제시하는 활동을 이어 나가고 있다.

1901년 법

오늘날 한국 사회에서도 시민 단체의 수가 기하급수적으로 늘어나고 있다. 시민 단체들은 사람들이 더 행복하게 살 수 있는 방법에 무엇이 있는지 끊임없이 고민하고 또 고민한다.

자유의 나라로 알려진 유럽 국가 프랑스는 다양한 시민 단체의 활동으로 유명하다. 프랑스의 시민 단체들은 보통 1901년 선포된 단체 결성에 관한 법률인 '1901년 법'을 근거로 설립되어 활동한다. 2010년 프랑스 정부의 통계에 의하면 프랑스에는 이른바 '1901년 법'에 근거해서 설립된 단체의 수가 무려 120만 개에 달했다고 한다. 다시 말해 시민들이 주체적으로 모여 공익을 위한 능동적인 활동을 펼칠 수 있는 단체가 그토록 많다는 것이다.

더 흥미로운 점은 프랑스 국민의 절반이 시민 단체 회원으로 활동하고 있으며, 프랑스 노동자 열 명 중 한 명은 시민 단체에서 근무하면서 생계를 꾸리고 있다는 점이다. 또한 7만여 개의 새로운 단체가 해마다 생겨나고 있고, 16만 개 이상의 단체들이 새롭게 직원을 고용하고 있다. 시민 단체에서 일하는 노동자의 수는 지난 2000년에 이미 1만 2천 명을 넘어섰다. 그 뒤로 지난 10년간 33만 개의 일자리가 더 창출되고, 2009년에는 심각한 경제 위기가 닥쳤음에도 3만 개 이상의 일자리를 창출했다. 그야말로 시민 단체가 사회, 정치, 경제적으로 엄청난 부가 가치를 생산하고 있는 셈이다.

이렇게 엄청난 가치들을 생산해 내고 있는데도 많은 시민 단체들이 자본주의적 발전이 아닌 지속가능한 발전을 추구한다는 점은 주목할 만하다. 또한 프랑스 시민 단체 중에는 특히 환경 보호를 통한 지속가능한 발전을 위해 힘쓰는 곳이 많다는 점도 의미가 크다.

이러한 단체들이 제대로 운영되려면 자원봉사자들의 도움이 절실히 필요하다. 만약 자원봉사 활동을 하고 싶다면 절대로 망설이지 마라. 여러분의 도움이 필요한 시민 단체들이 많이 있다. 시민 단체 활동을 통해 세상을 변화시키는 일에 동참해 보는 것은 어떨까?

● 연관 키워드

대안 세계화 | 싸구려 고기 | 보보족 | 번아웃 증후군 | 현장 | 합의 | 퇴비화 화장실 | 협동 | 탈성장 | D.I.Y. 집짓기 | 생태 발자국 | 공정무역 | **거버넌스** | 온실가스 | 그린 태그 | **그린피스** | 그린워싱 | 소유 | 허브 오일 | 주택 | 빨리빨리 | 무한성 | 투자 | 쓰레기 | 킬로와트 | 1901년 법 | 원산지 | 존 뮤어 | 상리 공생 | 자연 농업 | 이의 | 공원 | 독성 | **진보** | 품질 | 재생 가능 에너지 | **체념** | 제6의 대륙 | 사회적 연대 경제 | 소셜 펀딩 | 지속가능한 발전 | 텔레비전 | 헨리 데이비드 소로 | **에너지 전환 운동** | 극단적 자연주의 | 도시계획 | 여행 | 늑대 | 요거트 | 상업 지구

원산지

대형 마트에서는 칠레나 그밖의 여러 나라에서 생산된 유기농 과일을 팔고 있다. 이미 한국에도 사과나 포도가 충분히 생산되고 있음에도 말이다.

Made in

2007년, 미국의 시사잡지 〈타임〉지에 뉴욕 출신 기자인 존 클라우드(John Cloud)가 한 가지 문제를 제기한 바 있다. '지구 반대편에서 수입된 유기농 사과를 사는 것과, 뉴욕에서 생산된 그냥 사과를 사는 것, 둘 중 어떤 것이 환경을 위해 더 옳은 선택인가?'

정답은 과연 무엇일까? 최근 빠르게 확산되고 있는 농업 운동인 '로커보어(locavore)' 운동에서 그 해답을 찾을 수 있다. 로커보어 운동을 실천하는 사람들은 자신이 거주하는 곳에서 가까운 지역의 농산품만을 구입하려고 애쓴다. 지역에서 생산되는 농산품을 최고로 치는 셈이다. 여기서 '지역'이라는 말의 정의는 보통 자기가 사는 곳에서 50~150킬로미터 떨어진 곳이지만 상황에 따라 다양하게 범위를 적용할 수도 있다.

지역 농산품을 최고로 치는 소비 방식을 선택하는 이유는 이같은 실천이 지속가능한 발전을 위한 기틀이 되기 때문이다. 지역 농산물을 우선적으로 이용하면 유통 과정이 짧아지고 그로인해 온실가스의 배출이 줄어든다. 또한 생산자와 소비자 사이의 거리가 지리적으로 가까워지므로 신선한 농산물을 싸게 거래할 수 있다. 그뿐만이 아니다. 지역 내의 천연 자원이나 전통문화를 더 많은 사람들에게 전수할 기회가 생겨나기도 한다.

로커보어 운동은 세계화와는 정반대의 길을 걸어가고 있다. 공장에서 찍어내듯이 생산된 농산물을 세계 곳곳에 팔아먹는 다국적 기업들과는 완전히 다른 길을 걸어가고 있는 셈이다. 지역에서 생산된 농산물을 소비하는 문화는 늘 존재해 왔다. 그러나 대기업의 자본으로 생산된 저렴하고 질 낮은 농산물 때문에 점차 사라져가고 있다.

현재의 환경 파괴적인 농업 방식과 유통 구조에 문제점이 제기 되자 지역 농산물을 소비하려는 움직임들이 점점 더 커지기 시작하고 있다. 이제는 이러한 사회적 추세에 관심을 가지고 지역 내 농산물 소비를 활성화하기 위한 방안들을 다방면으로 강구해야 한다. 그러니까 비타민을 섭취하고 싶은 사람이라면 뉴질랜드에서 수입된 유기농 사과보다는 자기 집 근처에서 나는 일반 사과를 먹는 편이 훨씬 올바르다는 것이다.

●연관 키워드

대안 세계화 | **싸구려 고기** | 보보족 | 번아웃 증후군 | 헌장 | 합의 | 퇴비화 화장실 | 협동 | 탈성장 | D.I.Y. 집짓기 | 생태 발자국 | 공정무역 | 거버넌스 | 온실가스 | 그린 태그 | 그린피스 | 그린워싱 | 소유 | 허브 오일 | 주택 | 빨리빨리 | 무한성 | 투자 | 쓰레기 | 킬로와트 | 1901년 법 | 원산지 | 존 뮤어 | 상리 공생 | 자연 농업 | 이의 | 공원 | 독성 | 진보 | 품질 | **재생 가능 에너지** | 체념 | 제6의 대륙 | 사회적 연대 경제 | 소셜 펀딩 | 지속가능한 발전 | 텔레비전 | 헨리 데이비드 소로 | **에너지 전환 운동** | 극단적 자연주의 | 도시 계획 | 여행 | 늑대 | 요거트 | 상업 지구

존 뮤어

현대 문명이 가져다 준 큰 문제 중의 하나는 바로 이 세계가 오로지
인간을 위해서만 만들어졌다고 생각하는 사고방식이다.

Muir

미국 국립공원의 아버지로 불리는 존 뮤어(John Muir, 1983-1914)는 환경에 대해 꾸준히 관심을 기울였음은 물론 자연 보호를 삶에서 실천했던 인물이다. 3천제곱킬로미터에 달하는 요세미티 국립공원에서 거대한 세쿼이아 나무들을 볼 수 있는 것은 모두 존 뮤어가 벌였던 환경 운동 덕분이다. 뮤어는 미국의 대표적인 자연 보호 NGO 단체 '시에라클럽(Sierra Club)'의 창립자이다. 오늘날 시에라클럽의 회원 수는 70만 명에 이른다.

존 뮤어는 스코틀랜드 출신의 미국인으로 날카로운 통찰력을 지닌 활동가이자 자연주의자였다. 뮤어는 자신의 글에서 다음과 같이 말했다. "나는 백만장자가 될 수 있었지만 나그네가 되는 길을 선택했다." 뮤어는 인간이 자연에 행하는 오만방자한 행동이 가져올 위협에 대해 누구보다 잘 이해하고 있었다.

인류가 자연에 끼친 피해는 수없이 많다. 그중 희귀 생물의 멸종은 다시 돌이킬 수 없는 일이 되었다. '자연은 오로지 인간에게 이용되기 위한 목적으로 만들어진 것이 아니다.'라는 뮤어의 말이 와닿는 지점이다. 세계자연기금(WWF)의 자료에 따르면, 해마다 1000개의 생물종 중에서 1개의 종이 멸종한다고 한다. 이 추세대로 간다면 어느 날 오랑우탄이나 호랑이가 멸종될 위기에 처할지도 모를 일이다.

존 뮤어는 환경 문제에 있어서 유명 미국 작가인 헨리 데이비드 소로(Henry David Thoreau)만큼이나 선구자적인 인물이라고 할 수 있다. 뮤어는 자연을 주제로 다양한 글을 써서 발표하기도 했는데 주로 여행기나 칼럼이 주를 이루고 있다. 이 글들은 공통적으로 세상에 대한 날카로운 통찰력을 기반으로 저술되었다. 그러면서도 뮤어는 글 안에서 길가에 핀 꽃이나 바위, 산짐승 등 자연에 대한 끝없는 찬사를 보내고 있다. 한국에도 존 뮤어의 책이 여러 권 소개되어 있으니 관심 있는 사람은 읽어 보길 바란다.

● 연관 키워드

대안 세계화 | 싸구려 고기 | 보보족 | 번아웃 증후군 | 헌장 | 합의 | 퇴비화 화장실 | 협동 | **탈성장** | D.I.Y. 집짓기 | 생태 발자국 | 공정무역 | 거버넌스 | 온실가스 | 그린 태그 | **그린피스** | 그린워싱 | 소유 | 허브 오일 | 주택 | 빨리빨리 | 무한성 | 투자 | 쓰레기 | 킬로와트 | **1901년 법** | 원산지 | 존 뮤어 | 상리 공생 | 자연 농업 | 이의 | 공원 | 독성 | **진보** | 품질 | 재생 가능 에너지 | 체념 | 제6의 대륙 | 사회적 연대 경제 | 소셜 펀딩 | 지속가능한 발전 | 텔레비전 | 헨리 데이비드 소로 | 에너지 전환 운동 | 극단적 자연주의 | 도시 계획 | 여행 | **늑대** | 요거트 | 상업 지구

상리 공생

인간은 사회적 동물이라고 했다. 인간이 이렇게 오랫동안 멸종하지 않고 살아남을 수 있었던 것은 서로 도우며 공생했기 때문이다.

Mutualism

주거 공동체는 여러 가구가 함께 모여 상리 공생하며 살아가는 주거 형태를 말한다. 최근 들어 주거 공동체는 자본주의 사회에 팽배한 개인주의에 맞서는 훌륭한 대안으로 인식되기 시작했다. 사람들은 공동으로 관리하는 주거 형태를 통해 환경 친화적인 주거 환경을 함께 가꿀 수 있고 친환경적인 삶을 원하는 사람들을 더 쉽게 모을 수도 있다. 주거 공동체를 이용하는 구성원들은 집이라는 공간을 통해 사회적 관계 또한 재구성한다. 개인 주거 공간의 자율성은 물론이고 공동체를 이루는 데서 얻을 수 있는 이점을 균형 있게 누리는 사람이 많다.

지금 세계는 열악한 주거 환경으로 고통받는 사람들이 넘쳐난다. 세계 어느 나라든 불안정한 주거 환경은 큰 사회 문제다. 이는 소수의 부자들이 다수의 주택을 보유하면서 빈곤층이 살 집이 부족해 진 것이 큰 원인이다. 이때 해결책으로 등장한 것이 바로 주거 공동체다. 요즘에는 점점 더 많은 사람이 불안정한 주택 문제를 해결하고, 지속가능한 삶을 누리려고 주거 공동체를 선택하고 있다.

주거 공동체를 지향하는 주택의 경우 공동 시설을 통해 자원 절약을 추구한다. 이를테면 각자의 집에 손님방을 만들지 않고 주민 전체가 공동으로 사용하는 몇 개의 빈방을 만드는 것이다. 이렇게 하면 어느 집에서든 필요에 따라 빈방을 손님방으로 사용할 수 있는 효과가 있다. 이 작은 노력의 결과는 실로 대단하다. 쓸데없이 낭비되는 건축 자재와 건축 면적이 줄어들고, 건축 비용 또한 감소한다. 무엇보다 중요한 사실은 건축 면적이 줄어들기 때문에 누군가가 살 집이 한 집이라도 더 늘어나게 된다는 점이다.

집 문제가 해결되면 자연스레 다른 문제들로 시선이 옮겨 가게 마련이다. 요즘은 자투리 땅을 이용해서 정원을 가꾸는 사람들이 많이 생겨나고 있는데 만약 어떤 지역 단체가 각종 정원 용품을 준비해서 빌려준다면 어떨까? 다 함께 사용 규칙을 정하고 필요에 따라 누구든지 빌려 갈 수 있도록 하는 것이다.

자동차의 경우는 어떨까? 이제는 자동차가 너무 익숙해져서 자동차 없이 사는 삶은 상상조차 쉽지 않다. 한 가정에서 여러 대의 차를 사용하는 경우도 많다. 하지만 우리가 24시간 자동차만 타고 사는 것은 아니다. 바로 이 점에 착안해 프랑스 밀바슈 고원의 주민들은 이색적인 자동차 이용 시스템을 만들었다. 이들의 자동차 이용 방법은 매우 흥미롭다. 네 가정이 각기 다른 네 종류의 차(가정용 세단, 소형차, 봉고차 그리고 아이들을 학교에 데려다줄 미니버스)를 구매해 필요할 때마다 맞바꾸어 사용하는 것이다.

이와 비슷한 제도가 대도시에도 있다. 바로 카셰어링 시스템이다. 자동차를 사용하지 않는 동안 다른 사람에게 돈을 받고 자동차를 빌려 쓸 수 있도록 만든 공유 경제 시스템이다. 이렇게 하면 차를 사지 않고도 필요할 때만 차를 이용할 수 있다.

● 연관 키워드

대안 세계화 | 싸구려 고기 | 보보족 | 번아웃 증후군 | 헌장 | 합의 | 퇴비화 화장실 | **협동** | 탈성장 | **D.I.Y.** **집짓기** | 생태 발자국 | 공정무역 | 거버넌스 | 온실가스 | 그린 태그 | 그린피스 | 그린워싱 | **소유** | 허브 오일 | 주택 | 빨리빨리 | 무한성 | 투자 | 쓰레기 | 킬로와트 | 1901년 법 | 원산지 | 존 뮤어 | 상리 공생 | **자연 농업** | 이의 | 공원 | 독성 | **진보** | 품질 | 재생 가능 에너지 | 체념 | 제6의 대륙 | 사회적 연대 경제 | 소셜 펀딩 | 지속가능한 발전 | 텔레비전 | 헨리 데이비드 소로 | **에너지 전환 운동** | 극단적 자연주의 | **도시 계획** | 여행 | 늑대 | 요거트 | 상업 지구

자연 농업

인구가 증가하면서 세계는 식량 부족과 기아 문제에 시달렸다. 그때 등장한 자본 집약적 농업은 기아 문제를 상당 부분 해결했지만 환경 오염이라는 또 다른 문제를 낳았다.

인구의 빠른 증가 속도에 맞추기 위해(이 말은 곧 먹일 입이 늘
어났다는 이야기다) 농업은 20세기 들어 크게 발전했다. 화학 비
료와 살충제가 대량으로 사용되기 시작했고 농업 보조금 시스
템이 정착되었으며, GMO 농산물 생산이 급증하는 등 다방면에
서 농업은 큰 변화를 맞이했다. 최근에는 더 많은 수익을 얻기
위해 대규모 농장을 건설하는 자본 집약적 농업이 성행하고 있
다. 자본 집약적 농업 방식은 화학 비료와 농약을 대량으로 사용
하기 때문에 토양 오염과 지하수 오염 등의 원인이 된다.

자본 중심의 집약적 농업 방식은 농업 생산량 증대라는 놀라
운 결과를 가져오기는 했지만 결과적으로 지구를 병들게 하고
있다. 그렇다면 어떻게 자연을 파괴하지 않는 농업, 지속가능한
농업을 실현해 낼 수 있을까? 그 해답은 바로 자연에 있다.

무공해 농업은 자연에서 바로 그 해답을 찾은 농업이다. 무공
해 농업은 1920년대 오스트리아, 독일, 스위스, 영국 등지에서
처음 시작되었다. 무공해 농업을 시도했던 농부들은 우선 과도
한 살충제를 사용하거나 화학 비료를 사용한 농업을 거부하고
농산물을 자연 그대로의 상태로 길러 내기 시작했다. 이렇게 화
학 물질을 줄이는 것만으로도 토양의 황폐화를 막고, 살충제로

인해 생태계에 혼란이 일어나는 것을 막을 수 있었다.

프랑스의 작가이며, 철학자이자 농부인 피에르 라비(Pierre Rabhi)는 프랑스 환경주의 농업의 선구자로 알려져 있다. 피에르는 1994년 '피에르라비의친구들'이라는 이름의 단체를 설립했고, 1999년 '지구와휴머니즘(Terre et humanisme)'으로 단체 이름을 바꾸었다. 이름이 무엇이 되었든 피에르의 단체는 언제나 농업 환경을 친환경적으로 개선하기 위한 운동을 윤리적인 방식으로 실천해 왔다. 피에르는 "친환경적인 농업을 추구하는 것은 단순히 대안 농업을 정착시키는 것을 넘어 우리 자신을 위한 일이다. 이 운동은 생명에 대한 깊은 경외심을 고취하는 일이며, 생명에 대한 인류의 책임감을 다시금 회복할 수 있는 계기를 마련해 주기도 한다."라고 말하기도 했다.

그런데 여기서 한 가지 질문이 생긴다. 정말 GMO 식품이나 살충제나 자본 집약적 농업 없이도 전 세계 인구를 먹여 살릴 수 있단 말인가? 지금도 아프리카에서는 많은 사람이 굶어 죽고 있는데? 답은 "그렇다!"이다. 단, 우리가 낭비하는 식습관을 바꾼다는 조건과 공평한 분배 조건을 충족한다면 말이다. 이미 인류는 전체 인구를 먹여 살릴 수 있을 만큼 충분한 식량을 생산하고 있다.

영속 농업

1970년대부터 시작된 '영속 농업'은 친환경적인 농업 방식과 전통 사회의 농업 지식을 융합해 자연 생태계의 다양성, 안정성, 탄력성(재생할 수 있는 능력)을 회복시키자는 농업 방식이다. 자연을 마음 깊이 존중하며, 자연 그 자체를 변형하지 않고 농사를 짓자는 것이다. 영속 농업의 목적은 지속가능한 농업 환경을 만들고, 모든 생명체가 조화롭게 살 수 있는 건강한 환경을 만드는 데 있다. 영속 농업을 적용하면서 인류는 전에 없이 놀라운 성과를 얻을 수 있었다. 이를테면 40여 년 전 셉 홀쳐(Seep Holzer)라는 사람은 오스트리아의 깊은 산속에서 영속 농업으로 농사를 지었다. 셉은 친환경적인 설비를 마련하고 엄선된 농작물을 재배한 덕분에 기대 이상으로 높은 생산성을 이룰 수 있었다. 셉은 자신의 성공에 대해 한마디로 이렇게 말했다. "자연과 협력하라. 자연과 대립하려고 하지 마라."

● 연관 키워드

대안 세계화 │ 싸구려 고기 │ 보보족 │ 번아웃 증후군 │ 헌장 │ 합의 │ 퇴비화 화장실 │ 협동 │ 탈성장 │ D.I.Y. 집짓기 │ 생태 발자국 │ 공정무역 │ 거버넌스 │ 온실가스 │ 그린 태그 │ 그린피스 │ 그린워싱 │ 소유 │ 허브 오일 │ 주택 │ 빨리빨리 │ 무한성 │ 투자 │ 쓰레기 │ 킬로와트 │ 1901년 법 │ 원산지 │ 존 뮤어 │ 상리 공생 │ 자연 농업 │ 이의 │ 공원 │ 독성 │ 진보 │ 품질 │ 재생 가능 에너지 │ 체념 │ 제6의 대륙 │ 사회적 연대 경제 │ 소셜 펀딩 │ 지속가능한 발전 │ 텔레비전 │ 헨리 데이비드 소로 │ 에너지 전환 운동 │ 극단적 자연주의 │ 도시 계획 │ 여행 │ 늑대 │ 요거트 │ 상업 지구

이의

세상에는 수많은 의견들이 있다. 모든 사람이 같은 의견을 갖는다는 건 불가능한 일이다. 그렇기 때문에 집회와 결사의 자유는 민주주의 사회의 기본이 된다.

Objection

연속극 〈그린 러브〉

제6화 - 파업

촬영지 - 실외세트, 버스 정류장 앞

가에탕 버스 파업, 정말 짜증나! 바네사랑 약속이 있었는데.

리안 가에탕, 화를 좀 가라앉히는 게 좋겠어. 이럴 때 네 생각만 해서는 안 돼. 버스 기사들은 열악한 노동 환경을 개선하기 위해서 파업을 하는 거야. 경영진과 어떻게든 합의점을 찾으려고 애쓰는 거야. 물론 보다시피 협상은 결렬된 것 같지만.

가에탕 여기 서서 하염없이 기다리기만 해야 되잖아. 버스를 차고지에 버려두는 것 말고도 더 좋은 시위 방법이 있지 않을까?

리안 그래. 네 말도 맞다. 시민들의 신뢰를 잃는 거야말로 정말 큰 문제인데 말이야.

가에탕 탄원서를 돌릴 수도 있고 서명 운동을 해서 뭐가 문제고 뭐가 불만인지 알리는 방법도 있고 말이야. 그런 게 더 낫지 않겠어?

리안 그래. 불만을 표출할 방법은 파업 말고도 얼마든지 있지. 그럼 시위대에게 제안해 줄 만한 더 세련된 시위 방법에는 어떤 것이 있을까?

가에탕 배지를 다는 건 어때? 저번에 바네사를 보니까 'GMO 반대' 배지를 가방에 달고 있더라고. 요즘은 페이스북 페이지에도 배지를 달 수 있잖아. 현실에서든 온라인에서든 배지로 자신의 의견을 표현하는 건 아주 세련된 방법이라고 생각해.

리안 맞아. 그런데 버스 기사들이 우리 세대의 방식을 사용할 수 있을지는 모르겠다.

가에탕 요즘에는 SNS를 이용하면 어떤 주제가 되었든 정말 빠르게 사람들을 모을 수 있어. SNS는 아주 강력한 힘을 가지고 있으니까.

리안 진짜 그렇지, 플래시몹만 봐도 영향력이 엄청나.

가에탕 맞아.

리안 잠깐! 내가 제대로 봤는지는 모르겠는데 아무래도 오늘 아침에 딱 한 대 운행하는 버스가 방금 코앞을 지나간 것 같아.

가에탕 어휴, 그냥 학교까지 걸어갈까?

● **연관 키워드**

대안 세계화 | 싸구려 고기 | 보보족 | 번아웃 증후군 | 헌장 | 합의 | 퇴비화 화장실 | 협동 | 탈성장 | D.I.Y. 집짓기 | 생태 발자국 | 공정무역 | 거버넌스 | 온실가스 | 그린 태그 | **그린피스** | 그린워싱 | **소유** | 허브 오일 | 주택 | 빨리빨리 | 무한성 | 투자 | 쓰레기 | 킬로와트 | 1901년 법 | 원산지 | 존 뮤어 | 상리 공생 | 자연 농업 | 이의 | 공원 | 독성 | **진보** | 품질 | 재생 가능 에너지 | **체념** | 제6의 대륙 | 사회적 연대 경제 | 소셜 펀딩 | **지속가능한 발전** | 텔레비전 | 헨리 데이비드 소로 | 에너지 전환 운동 | 극단적 자연주의 | 도시 계획 | 여행 | 늑대 | 요거트 | 상업 지구

공원

공원은 우리 생활 가장 가까운 곳에 존재하는 휴식 공간이다. 도시에 사는 사람들은 공원을 통해 아름다운 자연을 경험할 수 있다. 하지만 공원이라고 다 좋은 건 아니다.

Park

자연을 보호하려다가 오히려 자연 환경을 망치는 우를 범하는 경우도 있다. 희귀 생물들이 멸종되지 않도록 보호하기 위해 만든 공원 때문에 다른 생물들이 삶의 터전을 잃고 멸종 위기에 처하는 식이다. 결국 세상 모든 일은 균형이 문제다.

생태계라는 개념은 자연 환경과 그 자연 환경 안에서 먹고 자고 번식하며 살아가는 생물 군집을 종합적으로 이르는 개념이다. 그런데 생태계는 생각보다 너무나도 연약하다. 생태계의 일부분만 무너져 내려도 연쇄적으로 영향을 받아 전체가 파괴되기 십상이다. 심각한 문제는 급격한 기온 변화와 환경 오염, 무분별한 남획 등으로 최근 들어 생물이 하나둘 멸종되고 있다는 점이다. 이렇게 생물이 하나둘 멸종된다면 언젠가는 생태계 전체의 균형이 무너져 인간마저도 위협받는 날이 올 것이다.

생태계의 균형을 유지하고 생물의 멸종을 막기 위해 각 나라들은 생태계 보호 구역 제도를 만들어 시행하기도 한다. 생태계 보호 구역은 멸종 위기에 놓인 생물종들을 보호하기 위한 목적으로 만들어졌다. 아프리카 초원에 사는 맹수들이나 알프스 산맥의 야생 염소 등이 대표적인 멸종 위기 생물이다. 인간은 동물들의 멸종을 막기 위해 특정 지역의 개발을 제한하거나 멸종 위기에 놓인 생물을 잡아먹는 천적을 제거하는 등 생태계 보호를 위해 많은 노력을 기울였다. 특정 생물을 보호하기 위한 생태 공원도 곳곳에 개발되었다. 그런데 이상한 일이 일어났다. 차츰 원래의 모습으로 돌아가야 할 생태계가 오히려 공원 개발로 인해 심각한 생태계 교란이 발생한 것이다.

인간이 생태계에 섣불리 개입하면 온갖 문제들이 생겨난다. 지난 역사를 돌이켜 보면 생태계 파괴의 가장 큰 주범은 인간이었다. 1930년대 캐나다에서는 코요테, 늑대, 표범 등의 맹수들을 박멸하는 프로젝트가 시행되었다. 이 동물들이 작은 짐승을 먹잇감으로 삼기 때문에 인간이 사냥으로 얻을 수 있는 이득이 줄어든다는 이유였다. 또한 중국 정부는 최근 국립공원 내에서 영양을 자유롭게 사냥할 수 있도록 허가했다. 스포츠라는 이름으로 자행되고 있는 사냥은 중국의 아름다운 자연을 파괴하는 대표적인 원인 중 하나며, 밀렵이나 과도한 약용 식물 채집 역시 중국의 생태계를 파괴하는 심각한 원인으로 떠오르고 있다.

한편 자연 경관을 즐기려는 관광객이 늘어나면서 일부 국립공원에서는 또 다른 문제가 생겼다. 미국 캘리포니아주에 위치한 요세미티 국립공원은 깊은 산속에 위치해 있다. 공원 안으로 펼쳐지는 멋진 풍경 덕분에 1984년 유네스코 세계자연유산으로 지정됐다. 그러나 봄여름에 수많은 관광객들이 요세미티 국립공원을 방문하자, 곧 쓰레기 문제와 대기 오염 문제가 나타나기 시작했다.

현재 환경 보호 운동가들은 여름 휴가 때마다 심각해지는 대기 오염 문제를 해결하기 위해 요세미티 국립 공원 내에서 자동차를 운행할 수 없도록 규정해야 한다고 주장한다. 또한 방문객들에게 자연 보호를 위한 기본 수칙을 알리고 자연 유산의 가치를 알리는 교육 및 홍보 캠페인을 진행하기도 한다.

독성

현대인은 수많은 화학 약품 속에서 살아간다. 알고 보면 이것들은
모두 독이다.

Poison

연속극 〈그린 러브〉
제7화 – 독성으로 배우는 화학 수업
촬영지 – 야외 세트, 거리에서

리안 어제 바네사를 우연히 만났어. 짤막하게 대화했는데 바네사도 너를 꽤 좋아하는 것 같더라.

가에탕 정말? 나도 바네사가 좋아. 있잖아, 난 이제부터 친환경주의자가 될 거야. 바네사랑 얘기를 나눴는데 아직까지도 소름이 돋아.

리안 무슨 얘긴데 그래? 한번 들어 보자.

가에탕 바네사가 벨폼므(Belpomme) 박사에 대한 얘기를 해 줬어. 수년에 걸쳐 환경 오염이 우리 건강에 미치는 영향에 대해 연구해 온 박사님인데, 박사님의 연구 결과에 따르면 현대인의 암 발생 원인 중 80퍼센트가 바로 환경 파괴로 인한 것이었대. 너도 알고 있어야 돼.

리안 이미 알고 있어. 우리 인간은 몇십 년 전부터 화학 물질로 둘러싸인 채 살아가고 있잖아. 그 결과는 생각조차 하지 않은 채 말이야. 전 세계에서 사용하는 화학 물질의 양이 제2차 세계 대전 직후에는 연간 100만 톤이었는데, 지금은 4억 톤에 이르는 지경이 됐지. 1945년 이래로 10만 종류에 이르는 화학 물질이 일상생활에 쓸 수 있게 상용화되었고, 그중 안전 테스트를 거친 물질은 고작 3퍼센트에 지나지 않아. 그런데 화장품, 약품, 식품 첨가물, 살충제 등등 화학 물질들이 들어가는 곳은 셀 수도 없을 정도로 많아.

가에탕 그래. 게다가 우리가 잘 알지도 못하는 화학 물질 때문에 생긴 피해까지 합하면 말할 수 없지. 그렇다고 내가 널 가르치려는 건 아니야, 리안. 너는 이미 이 분야에 통달해 있으니까. 난 정말 충격을 받았거든. 바네사한테 이 얘기를 들은 뒤로는 물건을 살 때 상품의 성분 표시를 꼭 확인하려고 신경 쓰고 있어.

리안 잘하고 있어. 사과를 한 알 산다고 생각해 봐. 사과 자체에는 아무런 문제가 없지. 그런데 사과 하나가 상품화되어 시장에 나오기까지 평균적으로 27가지의 화학 처리 과정을 거친대. 화학 처리에 쓰이는 물질의 일부는 잠재적 발암 물질로 분류되기도 하고.

가에탕 엄마가 매일 아침 사과 한 알을 먹으면 의사도 필요 없다고 하셨는데…….

리안 그건 유기농 사과일 때의 얘기지! 프랑스는 엄청난 불명예를 하나 안고 있는데 바로 '유럽에서 살충제를 가장 많이 사용하는 국가'라는 타이틀이야. 대단하지?

가에탕 지금까지 어떻게 두 눈을 가린 채 이렇게 막 살아올
수 있었는지 정말 모르겠다.

●연관 키워드

대안 세계화 | 싸구려 고기 | 보보족 | 번아웃 증후군 | 헌장 | 합의 | 퇴비화 화장실 | 협동 | 탈성장 | D.I.Y.
집짓기 | 생태 발자국 | 공정무역 | 거버넌스 | 온실가스 | 그린 태그 | 그린피스 | 그린워싱 | 소유 | 허브 오
일 | 주택 | 빨리빨리 | 무한성 | 투자 | 쓰레기 | 킬로와트 | 1901년 법 | 원산지 | 존 뮤어 | 상리 공생 | 자연
농업 | 이의 | 공원 | 독성 | 진보 | 품질 | 재생 가능 에너지 | 체념 | 제6의 대륙 | 사회적 연대 경제 | 소셜
펀딩 | 지속가능한 발전 | 텔레비전 | 헨리 데이비드 소로 | 에너지 전환 운동 | 극단적 자연주의 | 도시 계
획 | 여행 | 늑대 | 요구트 | 상업 지구

진보

진보는 변화를 의미한다. 특히 변화 중에서도 더 나은 방향으로의
변화를 의미한다.

Progress

기원전 460년경 그리스의 3대 극작가 아이스킬로스는 희곡 〈사슬에 묶인 프로메테우스〉를 발표했다. 아이스킬로스는 이 작품을 통해 제우스라는 절대 권력에 끊임없이 도전하는 영웅 프로메테우스를 그려 냈다. 프로메테우스는 인간에게 맨 처음 불을 가져다준 인물로 역사의 진보를 상징하는데 아이스킬로스는 이 인물을 통해 끊임없는 역사의 진보가 더 나은 세상을 만들거라는 낙관을 보여 준 것 같다. 오늘날의 자본주의적 신념과 마찬가지로 말이다.

조금 더 현대로 넘어오면 프란시스 베이컨(Francis Bacon)이 쓴 《새로운 아틀란티스》라는 책도 있다. 1627년 발표된 이 책은 과학과 기술이 고르게 발달한 완벽한 미래 도시를 그리고 있다. 베이컨 역시 인류가 끊임없이 진보할 수 있고 언젠가 완벽한 사회를 이룰 수 있다고 믿었던 것 같다. 그런데 과연 진보를 통해 완벽한 세상을 이룬다는 것이 가능할까? 실제로 우리는 진보를 통해 얼마나 행복해질 수 있을까?

과학 기술의 발전이 우리에게 안락함을 가져다주고 우리의 삶을 더 편안하게 바꾼 것은 사실이다. 사실 아주 긍정적으로 평가할 만한 진보다. 날이 갈수록 과학 기술의 발전 속도는 점점 더 빨라지고 있고, 특히 지난 몇 세기는 그야말로 기술의 발달이 급속하게 가속화된 시기였다. 열기관 장치를 최초로 시험한 뒤(1673) 약 한 세기만에 증기기관이 발명되어 산업 혁명에 큰 영향을 끼쳤으며(1776), 트랜지스터가 처음 발명된 이후에는 (1948) 단 5년 만에 트랜지스터 라디오가 출시되어 상용화되었다. 그 뒤로 과학 기술은 진보에 진보를 거듭했고 오늘날 우리는 최첨단 기계들에 둘러싸여 이전과는 비교할 수 없을 만큼 편안한 일상을 영위하고 있다. 그런데 과연 과학 기술이 진보한 만큼 우리의 행복도 커졌다고 말할 수 있을까?

어떤 진보가 우리를 행복하게 할까? 사회적 진보가 인간을 행복하게 만들 수 있을까? 사회적 진보란 우리 생활 전반에 영향을 끼치는 정치나 법, 제도 등의 진보로 삶의 여건이 점차 개선되는 것을 가리킨다. 예를 들어 프랑스는 사회적 진보를 통해 사회 보장 제도, 최저 임금제, 주거 권리(DAL), 무상 교육 등의 열매를 맺을 수 있었다. 그러나 과연 이런 열매들이 행복을 가져다주었을까? 안타깝게도 그렇지 않다. 《부자들이 지구를 어떻게 망쳤나》라는 책을 쓴 에르베 켐프(Hervé Kempf)는 이 책을 통해 다음과 같이 말했다. "중산층은 과시를 위한 소비 경쟁에 시달려 왔다 (중략) 또한 경쟁이 심화되자 사회적 신분 상승의 꿈이 모두 허상이었음을 이해하기 시작했다."

사회적 진보를 이룬 것 같이 보이는 프랑스에도 여전히 문제는 존재한다. 사람들은 발전된 제도를 가지고 있음에도 행복하지 않다. 한국도 마찬가지다. 한국은 민주주의를 정립하고 엄청난 사회적 진보를 이루어 온 나라임에도 고용 불안정, 교육비 상승, 불평등 심화와 같은 문제들이 여전히 사람들을 괴롭히고 있다. 특히 한국에서 가장 심각한 문제는 양극화 심화다. 부유층과 빈곤층 간의 격차가 점점 더 심해지고 있을 뿐 좁아질 기미가 보이지 않는다.

의학의 진보는 그래도 인류를 조금은 행복하게 만들어 주지

부탄의 행복지수

인류는 어떻게 해야 행복해질 수 있을까? 이와 관련해서는 남아시아에 위치한 부탄 왕국에서 해답을 찾을 수 있을 것 같다. 공식적인 통계에 따르면 부탄의 국민 행복 지수(GNH)는 세계 최고 수준인 것으로 나타났다. 부탄의 한 단체의 조사 결과 67만 명의 부탄 국민 중 약 68퍼센트가 자신이 행복한 삶을 살고 있다고 답한 것으로 드러났다. 부탄 국민들이 이렇게 행복한 이유는 인간을 존중하는 방식으로 경제 성장을 추구해 왔다는 점에 있다고 한다. 2008년, 부탄 왕국에서 의사로 일하는 푸르브 도르지(PHurb Dorji)는 프랑스의 시사 주간지 〈누벨 옵세르바퇴르(Nouvel observateur)〉와의 인터뷰에서 이렇게 말했다. "세계는 이미 물질 만능주의에 찌들었다. 일단 무언가를 소유하면 더 많은 걸 소유하고 싶어지기 마련이다. 그런데 그렇게 되면 절대로 행복해질 수 없다. 우리 부탄 국민들을 그대로 따라할 필요는 없지만 우리가 어떻게 해 왔는지를 한번쯤 살펴보는 건 좋을 것이다."

않았을까? 물론 20세기부터 시작된 의학 기술의 진보 덕분에 사망률이 크게 줄어든 것은 사실이다. 그러나 의학도 인간을 행복하게 만들어 주지는 못한 것 같다. 오늘날 전 세계적으로 수천만 명에 달하는 사람들이 우울증 치료제를 복용하고 있다는 사실을 생각해 보면 말이다.

그러니까 '진보'라는 개념은 어디까지나 주관적이고 또한 상대적인 것이라고 할 수 있겠다. 진보와 행복이 언제나 함께 가는 것도 아니고 말이다.

● 연관 키워드

대안 세계화 | 싸구려 고기 | 보보족 | 번아웃 증후군 | 헌장 | 합의 | 퇴비화 화장실 | 협동 | 탈성장 | D.I.Y. 집짓기 | 생태 발자국 | 공정무역 | 거버넌스 | 온실가스 | 그린 태그 | 그린피스 | 그린워싱 | 소유 | 허브 오일 | 주택 | 빨리빨리 | 무한성 | 투자 | 쓰레기 | 킬로와트 | 1901년 법 | 원산지 | 존 뮤어 | 상리 공생 | 자연 농업 | 이의 | 공원 | 독성 | 진보 | 품질 | 재생 가능 에너지 | 체념 | 제6의 대륙 | 사회적 연대 경제 | 소셜 펀딩 | 지속가능한 발전 | 텔레비전 | 헨리 데이비드 소로 | 에너지 전환 운동 | 극단적 자연주의 | 도시 계획 | 여행 | 늑대 | 요거트 | 상업 지구

품질

휴대 전화의 수명은 얼마나 될까? 냉장고문은 최대 몇 번까지 여닫을 수 있을까? 세탁기는 드럼통이 완전히 고장 나기 전까지 몇 번이나 돌아갈까?

Quality

세계 각국에는 소비자의 권리를 지키기 위한 소비자 단체들이 활발하게 활동하고 있다. 그런데 최근 들어 소비자 단체들이 주목하는 문제가 있다. 바로 제품 생산 업체들이 일부러 상품을 튼튼하게 만들지 않는다는 것이다. 자본주의 사회의 논리를 잘 알고 있는 기업들은 전자 제품의 수명을 그다지 중요하게 여기지 않는다. 물건이 금세 고장 나야 소비자가 또 다시 새 제품을 사기 때문이다. 지금과 같은 소비 사회에서는 크게 놀랄 만한 일도 아니다. 기업들은 물건을 더 팔아먹기 위해서 금속 부품을 플라스틱 부품으로 바꾸는 등 품질이 떨어지는 재료를 사용하거나 복잡하고 잘 고장 나는 부품을 사용한다. 결국 제품의 수명은 단축될 수밖에 없다.

우리의 일상을 한번 돌아보자. 잘 사용하던 기계가 어느 날 돌연 고장이 났다. 먼저 우리는 어떻게 하는가? AS센터나 수리 전문점을 찾는다. 그런데 수리가 마냥 쉬운 일은 아니다. 고장 난 휴대 전화를 수리 전문점에 가져갔다가 견적을 내보고는 결국 새 것을 사는 게 훨씬 싸다는 사실을 알게 되곤 하지 않는가! 그러고 나면 어떻게 하는가? 결국 쓰던 휴대 전화를 버리고 새 휴대 전화를 사게 된다.

하지만 기업들의 횡포가 아무리 기승을 부린다고 해도 언제나 해결책은 있다. 혹시 '재활용 센터'에 대해 들어 본 적이 있는가? 각 지역의 폐기물을 처리하기 위해 설립된 재활용 센터들은 대중에게 환경 보호를 위한 구체적인 실천 방법을 홍보하는 훌륭한 역할을 수행한다. 센터들은 버려진 전자 제품이나 가구 등의 재활용, 분리수거 등을 돕는 역할을 맡고 있는데 이는 불필요한 자원 낭비를 막는 실질적인 해결책이라고 할 수 있다.

한국에서도 각 구청이 재활용 업무를 민간에 위탁해 재활용 센터를 운영 중이며, 이 재활용 센터에서는 고장 난 전자 제품이나 가구를 고쳐 다시 사용할 수 있도록 돕는다. 이 외에도 아름다운 재단에서 운영하는 아름다운 가게는 집에서 사용하던 물건을 기부 받아 거래한 뒤 수익금을 다시 자선을 위해 사용하는 활동을 하고 있다.

다양한 경로를 통해 못 쓰게 된 상품들에게 제2의 생명을 부여하고 오래된 것을 새롭게 만드는 일은 가치 있는 일이라 할 수 있다.

● **연관 키워드**

대안 세계화 | 싸구려 고기 | 보보족 | 번아웃 증후군 | 헌장 | 합의 | 퇴비화 화장실 | 협동 | 탈성장 | D.I.Y. 집짓기 | **생태 발자국** | 공정무역 | 거버넌스 | 온실가스 | **그린 태그** | 그린피스 | **그린워싱** | 소유 | 허브 오일 | 주택 | 빨리빨리 | 무한성 | 투자 | **쓰레기** | 킬로와트 | 1901년 법 | 원산지 | 존 뮤어 | 상리 공생 | 자연 농업 | 이의 | 공원 | 독성 | 진보 | 품질 | **재생 가능 에너지** | 체념 | 제6의 대륙 | 사회적 연대 경제 | 소셜 펀딩 | 지속가능한 발전 | 텔레비전 | 헨리 데이비드 소로 | 에너지 전환 운동 | 극단적 자연주의 | 도시 계획 | 여행 | 늑대 | 요거트 | **상업 지구**

재생 가능 에너지

현재 지구상에 남아 있는 화석 에너지의 양은 매우 한정적이며 머지 않아 고갈될 위기에 처해 있다. 이미 어디선가 많이 들어 본 이야기 일 테지만 아직까지 그 심각성이 세상에 충분히 알려지지 않았다.

Renewable energy

그다지 머지 않은 미래에 화석 에너지는 고갈되고 말 것이다. 그렇게 되면 우리 인간은 지금까지 살아왔던 것과는 완전히 다른 방식으로 살아가야 한다. 석유가 없는 세상, 석탄이 없는 세상에 대해 상상해 본 적이 있는가? 화석 에너지가 고갈된 뒤에는 과연 어떻게 살아가야 하는 것일까?

미래의 변화에 잘 적응하려면, 새로운 에너지 기술을 개발하는 것이 중요하다. 자, 지금부터 열거하는 재생 가능 에너지들을 눈여겨보도록 하자. 재생 가능 에너지란 지속가능한 미래를 가능하게 해주는, 고갈되지도, 환경을 오염시키지도 않는 에너지를 일컫는 말이다.

재생 가능 에너지의 대표적인 예로는 태양 에너지를 들 수 있다. 지붕 위에 집열기를 달아 얻을 수 있는 태양광 에너지나, 온실 효과를 응용해 햇빛의 열기를 유리 안에 가두는 태양열 에너지 등이 바로 태양 에너지에 해당된다. 날마다 떠오르는 거대한 불덩어리, 즉 태양을 이용한 에너지들이다. 재생 가능 에너지 중에서도 태양 에너지가 좋은 이유는 태양 에너지가 이른바 지역 에너지에 속하기 때문이다. 지역 에너지란 에너지의 생산지와 소비지가 일치하는 에너지를 뜻한다. 각 가정에서 집열기나 집

광판을 달아 생산하는 에너지도 바로 지역 에너지다. 가정 내에서 에너지를 만들어 소비하게 되면 에너지 전달 과정에서 생기는 손실을 줄이는 효과를 기대할 수 있다.

풍력 에너지도 대표적인 재생 가능 에너지다. 선풍기처럼 생긴 동그란 날개가 지속가능한 미래를 위한 대안이 될 수 있다는 이야기다. 풍력 발전기는 바람에서 에너지를 얻는다. 바람의 힘으로 날개가 회전하기 시작하면 운동 에너지가 생겨나고 이 운동 에너지에서 전력이 생산된다. 풍력 에너지의 장점은 다양한데, 그중에서도 가장 큰 장점은 지역 단위로 좀 더 넓게 전력을 공급할 수 있다는 점이다.

수력 에너지는 물의 유속이나 낙차에서 얻을 수 있는 운동 에너지를 전력으로 바꾼 에너지를 의미한다. 흐르거나 떨어지는 물의 운동 에너지가 터빈을 돌리고, 터빈이 돌아가면서 발전기가 작동해 물의 운동 에너지가 전력으로 바뀌게 된다. 수력 발전은 지금도 세계적으로 많이 사용되는 발전 방식이며, 한국에서도 1937년부터 시작해 꽤 오랫동안 수력 발전을 이용해 왔다. 대규모 수력 발전을 위해서는 댐 건설이 필요한데 댐이 생태계를 파괴하는 결과를 가져온다는 비판도 있다. 하지만 작은 규모의 수력 발전은 환경에 큰 영향을 끼치지 않는다.

지열 에너지는 지하층의 열을 이용해 에너지를 생산하는 경우다. 지구의 내부에는 핵이 존재하는데, 핵은 돌을 녹일 정도로 뜨겁다. 지구의 핵에서 발생하는 열기는 땅속 깊은 곳에서부터

차가운 지구 표면으로 전달된다. 그래서 지하 깊숙이 들어갈수록 온도는 점점 더 상승하며, 유럽 대륙의 경우 100미터 아래로 파고 들어갈 때마다 평균 3도씩 상승한다.

마지막으로 바이오 가스는 유기물의 부패 과정에서 얻을 수 있는 에너지다. 박테리아가 분해될 때 발생하는 가스로부터 얻는 에너지다. 바이오 가스는 쓰레기 처리 시설 안에서 자연적으로 생겨나기도 한다.

체념

체념이란 포기하는 것이다. 또한 어떠한 의견 없이 무조건 받아들이는 것, 아무런 저항 없이 현실에 순응하는 것을 의미한다. 어떻게 보면 그저 죽어 가고 있는 것이라고도 볼 수 있다.

Resign

체념, 그것은 우리 사회가 불공정한 사회로 달려가고 있는 현실을 알면서도 머리를 모래 속에 처박고 있는 것과 다름없다.

체념, 그것은 아무것도 하지 않은 채 '내일은 나아지겠지!'라고 생각하는 것이며, 점점 나빠져 가는 현실과 높아만 가는 위험을 앉은 자리에서 받아들이는 것을 의미한다.

체념, 그것은 수입이 나쁘지 않은, 아니 수입이 괜찮은, 아니 심지어 수입이 아주 좋은 직업을 얻어 어려움을 빠져나갈 길만을 모색하는 것을 의미하며, 사회를 위해서는 할 수 있는 만큼만 하고 손을 놓아 버리는 것을 의미한다. 참으로 안 된 일이다. 특히 우리가 쓰고 남은 것만을 가지고 살아가게 될 미래 세대들에게는 참으로 안된 일이다. 물론 미래는 바뀔지도 모르지만.

체념, 그것은 특별히 의심해 보거나 따져 보지 않고 우리가 살아가는 시스템에 대해 맹목적인 신뢰를 보내는 일이기도 하다.

우리가 사는 사회를 가만히 돌이켜 보자. 사회적 부조리나 불의와 맞닥뜨렸을 때 사람들은 각기 다른 태도를 보인다. 어떤 사람은 자신의 안위만을 걱정하고 시스템 안에 안주하며 상황을 그저 있는 그대로 받아들이려고만 한다. 또 어떤 사람들은 불의를 보고도 눈을 감거나 끝없는 이기주의를 한껏 표현하기도 한다. 그런가 하면 부조리와 부당함을 폭로하고 맞서 싸우며 분노하는 사람들도 있다.

스테판 에셀(Stephane Hessel)의 책《분노하라(Indignez Vous!)》는 2010년 출간된 지 단 몇 달 만에 10만여 권이 넘게 판매돼 베스트셀러의 반열에 올랐다. 이는 프랑스의 유명 소설가인 마크 레비(Marc Levy)와 기욤 뮈소(Guillaume Musso)의 같은 기간 동안의 책 판매량을 합친 것과 맞먹는 수준이었다. 그 뒤로도 이 책은 계속 팔렸고 전 세계적으로 유명해졌다. 스테판 에셀은 자신의 책을 통해 이렇게 말하고 있다. "공공의 이익은 늘 개인의 이익보다 우선시 되어야 한다. 또한 노동으로 발생된 부를 정당하게 분배하는 것이 돈으로 권력을 쌓는 일보다 우선시 되어야 한다."

그동안 우리는 너무 많이 체념해 왔다. 자, 이제는 우리 모두 분노할 때다. 왜 또 다른 세상, 지속가능한 세상을 향한 노력을 시작하지 않는가? 일부러 시간을 내서라도 우리의 손길이 필요한 곳이면 어디든 가서 도와야 한다.

이제는 균형 잡힌 삶을 향해 나아가야 할 때다. 저 멀리 인도네시아의 작은 섬 발리에서는 모든 사람이 각자의 시간을 셋으로 나누어 써야 한다고 한다. 첫째는 개인과 가족을 위한 시간, 둘째는 일하기 위한 시간, 셋째는 공동체를 위한 시간이다. 개인과 공동체 사이에 조화와 균형을 세우는 것을 그만큼 중요하다고 보는 것이다.

자, 이제 밖으로 시선을 돌려보자. 잠깐만이라도 세상을 내다

볼 기회를 갖는다면 더 많은 경험과 생각들을 얻을 수 있다.

●연관 키워드

대안 세계화 | 싸구려 고기 | 보보족 | 번아웃 증후군 | 헌장 | 합의 | 퇴비화 화장실 | 협동 | 탈성장 | D.I.Y.
집짓기 | 생태 발자국 | 공정무역 | 거버넌스 | 온실가스 | 그린 태그 | **그린피스** | 그린워싱 | 소유 | 허브 오
일 | 주택 | 빨리빨리 | 무한성 | 투자 | 쓰레기 | 킬로와트 | 1901년 법 | 원산지 | **존 뮤어** | 상리 공생 | 자연
농업 | **이의** | 공원 | 독성 | **진보** | 품질 | 재생 가능 에너지 | 체념 | 제6의 대륙 | 사회적 연대 경제 | 소셜
펀딩 | 지속가능한 발전 | 텔레비전 | **헨리 데이비드 소로** | **에너지 전환 운동** | 극단적 자연주의 | 도시
계획 | 여행 | 늑대 | 요거트 | 상업 지구

제6의 대륙

아시아와 유럽, 오세아니아와 아프리카, 아메리카를 모두 합쳐 5 대륙이라고 부른다. 그런데 세상에는 제6의 대륙도 존재한다고 한다.

나는 해변에 버려진 플라스틱 병이다. 조금 전에 내 뚜껑을 열
어 목을 축이던 아이들이 나를 모래 위에 두고는 그대로 잊어버
린 듯하다. 그 뒤로 나는 모래밭에서 하염없이 기다리고만 있다.
그런데 무슨 일이 일어난 것일까? 내 입으로 물이 들어왔다. 파
도가 밀려온다. 물이 나를 적시고는 이내 나를 실어간다. 나는
긴 여행을 떠난다. 때가 왔다. 언젠가는 천국에 닿을 수 있기만
을 바라는 마음이다.

파도에 몸을 싣고 떠다닌 지 몇 주가 흐르고 몇 달이 지났다.
나는 두려웠다. 세상에 홀로 남겨진 것 같은 느낌이었다. 하지만
다행히도 나는 파도가 그 유명한 '제6의 대륙'으로 나를 데려갈
것이라는 걸 알고 있다.

넓은 바다 저 어딘가에 우리 플라스틱들이 모여드는 곳이 있
다. 세계적인 규모의 환경 운동을 펼치면서 우리를 차갑게 흘겨
보고 있는 무서운 단체가 하나 있다. 그 단체의 이름은 '그린피
스'인데 그들은 마법 같은 이 신비한 장소를 가리켜 '쓰레기 섬'
이라고 이름 붙였다. 물론 우리들의 천국이 무척 강렬한 인상을
남긴다는 점은 알고 있다. 면적만도 343만 제곱킬로미터로, 유
럽 전체 면적의 3분의 1 수준이다. 심지어 우리 플라스틱들 모

두가 꽁꽁 뭉쳐 굳어져 있다고 들었다. 아주 튼튼하게 뭉쳐서 하나의 거대한 덩어리로 굳어져 가고 있다고 한다. 물론 전혀 떼어놓을 수 없는 것은 아니지만 적어도 500여 년 전부터 뭉쳐 온 셈이니 사실상 완전히 한 덩이가 된 것이나 다름없다.

나는 하루 빨리 그곳에 닿고 싶다. 이제 거의 다 온 듯하다. 저 멀리, 거대하고 두꺼운 덩어리가 조금씩 모습을 드러낸다. 이곳에 오지 못한 다른 플라스틱들은 참 운도 없다. 재활용되어 버렸을 테니 말이다. 재활용 섬유가 되어서는 끔찍한 겨울 외투 따위로 다시 태어났을 것이다.

나는 내가 이렇게도 영광스러운 운명을 맞이하게 될 것이라고는 정말 생각도 하지 못했다. 바다에 빠진 플라스틱 병이 되어서 너무도 자랑스럽다. 다들 알겠지만 자칫하다가는 배 갑판에서 굴러다니는 비닐 봉투가 될 수도 있었지 않은가. 멍청한 거북들이 나를 해파리인 줄 알고 삼켰을지도 모르는 일이다. 그럼 거북들은 죽어 버렸을 테고 나는 지금처럼 영광의 시대를 누릴 수 없었을 것이다. 결국 수개월의 기다림 끝에 나는 마침내 이곳에 도착하고 말았다. 자, 내게 자리를 내어 다오!

● 연관 키워드

대안 세계화 | 싸구려 고기 | 보보족 | 번아웃 증후군 | 헌장 | 합의 | 퇴비화 화장실 | 협동 | 탈성장 | D.I.Y. 집짓기 | 생태 발자국 | 공정무역 | 거버넌스 | 온실가스 | 그린 태그 | 그린피스 | 그린워싱 | 소유 | 허브 오일 | 주택 | 빨리빨리 | 무한성 | 투자 | 쓰레기 | 킬로와트 | 1901년 법 | 원산지 | 존 뮤어 | 상리 공생 | 자연 농업 | 이의 | 공원 | 독성 | 진보 | 품질 | 재생 가능 에너지 | 체념 | 제6의 대륙 | 사회적 연대 경제 | 소셜 펀딩 | 지속가능한 발전 | 텔레비전 | 헨리 데이비드 소로 | 에너지 전환 운동 | 극단적 자연주의 | 도시 계획 | 여행 | 늑대 | 요거트 | 상업 지구

사회적 연대 경제

요즘에는 사회적 기업이나 생활 협동조합 같은 말을 흔히 들을 수 있
다. 이들은 대개 자본주의 경쟁에서 빗겨나 서로 돕고 살아가는 경제
를 표방하는데, 최근 지속가능한 발전을 위한 또 다른 대안으로 주목
받고 있다.

아니, 뭐라고? 이미 백 년 전부터 우리가 아는 것과는 전혀 다른 경제 모델이 존재해 왔다고? 게다가 소수의 상류층에게게만 이익을 가져다주지 않는 공정한 경제 모델이라고? 그런 게 가능해? 사회적 연대 경제에 대해 처음 듣는 사람은 모두 이런 식의 질문을 가지기 마련이다.

결론부터 말하자면 앞의 질문에 대한 대답은 모두 '예'다. 실제로 사회적 연대 경제(Social Solidarity Economy)는 조직의 구조나 목적이 여느 기업들과는 다른 사회적 책임감을 가진 기업들을 모아 그 특징을 뽑아낸 경제 모델이다. 사회적 연대 경제의 목표는 공공의 이익과 경제 활동을 조화롭게 연결하는 것이다. 프랑스 통계청(INSEE)의 조사 결과에 따르면, 2007년 프랑스 사회적 연대 경제의 규모는 기업 수 약 21만 5천 개(프랑스 내 전체 기업의 9.1퍼센트)와 직원 수 약 220만 명(전체 근로자의 10퍼센트)으로 나타났다.

사회적 연대 경제는 공공 분야나 시장 경제 분야에만 국한되는 것이 아니라 사회 전반의 다양한 분야에 걸쳐 영향력을 끼치고 있다. 동시에 인간, 환경, 지역 사회를 중요시 여기는 태도를 가지고 기존의 자본주의 경제와는 조금 다른 생산과 소비, 의사 결정 및 생활 방식을 추구한다. 사회적 연대 경제는 협동조합, 시민 단체, 사회적 기업, 재단의 설립 및 운영 등 광범위한 분야를 포함하고 있는 개념이다.

사회적 연대 경제의 전망은 매우 밝다. 2008년 경제 위기 이후, 사회적 연대 경제는 기존의 지배적인 자본주의 경제 모델을 대체할 만한 잠재력 있는 대안으로 떠오르고 있다. 일례로 프랑스에서는 생활 협동조합인 스코프(SCOP)가 빠른 속도로 성장했다. 스코프는 다른 기업들과 마찬가지로 이익을 추구하지만, 민주적인 의사 결정 구조를 통해 수익을 분배한다. 수익은 대체로 안정적인 일자리 창출과 공공의 이익을 위한 프로젝트에 우선적으로 투자한다. 스코프는 주주의 다수가 조합에 가입된 노동자들로 구성되어 있고, 이들이 회사 주식의 51퍼센트 이상을 소유하고 있다. 물론 여느 회사들처럼 스코프 소속 기업에도 각각 경영자가 있지만, 경영자 역시 노동자 주주들의 투표로 선출된다.

●연관 키워드

소셜 펀딩

2000년대 들어 인터넷의 발달로 새로운 변화들이 생겨났다. 특히 음악 시장은 온라인 시장의 활성화와 쌍방향 소통이 가능한 인터넷 서비스 등으로 많은 변화를 맞았다.

Social
funding

2000년대 들어 인터넷이 발달하면서 새로운 문화적 현상들이 계속해서 생겨났다. 가장 큰 변화를 맞은 것은 음악계다. 인터넷이 발달하면서 음악과 관련된 상품의 제작 과정이 매우 간단해졌다. 음악 제작 과정의 변화는 여러 가지 문제점도 가져왔지만 아티스트들이 중간 제작 단계를 뛰어넘고 대중과 더 밀접하게 거래할 수 있는 기회를 가져다주었다. 그리고 이른바 '메이저 음반사'라고 불리는 제작 회사들은 이를 고운 시선으로 바라보지 않고 있다. 제작 회사들로서는 돈벌이가 줄어들고 있으니 어찌 보면 당연한 일이다.

음악의 새로운 제작 구조는 생각보다 간단하다. 우리가 직접 음악 프로듀서와 같은 마음이 되어 평소 관심이 있었거나 흥미롭게 느껴지는 음악 프로젝트에 약간의 돈을 투자하는 것이다. 이런 소액 투자가 모이고 모이면 마치 작은 시냇물이 모여 큰 강을 이루듯 아티스트에게는 꽤 많은 자금이 모이게 된다. 이와 같은 제작 시스템을 이른바 '소셜 펀딩'이라고 부른다.

이러한 소셜 펀딩의 가장 큰 장점은 투자금이 어느 정도 모이면 마침내 내가 좋아하는 그룹이 '스튜디오에 입성'하는 꿈을 이루는 모습을 보게 된다는 점이다. 한국에도 평범한 사람들의 꿈을 이루어 주고 사회를 더 풍요롭게 하는 소셜 펀딩 문화가 최근 많이 발전하고 있다. 대표적인 소셜 펀딩 사이트로는 아름다운 재단에서 운영하고 있는 개미 스폰서나, 굿펀딩, 텀블벅과 같은 사이트가 있다.

2010년 프랑스 음악계에서는 마이크로컬쳐(Microcultures)라는 회사가 음반 제작 및 유통 시장에서 혁신적인 변화를 가져왔다. 소셜 펀딩을 통해 음악을 만들고 체계적으로 유통하기 시작한 것이다. 불법 다운로드와 음반 구매량 하락 등으로 어려움을 겪던 음반 업계는 마이크로컬쳐의 개혁을 주목하기 시작했다.

마이크로컬쳐의 창립자인 장 샤를 뒤푀(Jean-Charles Dufeu)와 루이 장 테텔봄(Louis-Jean Teitelbaum)은 두 가지 전략으로 음반 시장을 공략하기로 했다. 첫 번째 전략은 어엿한 음반 기획사로서 제대로 활동하는 것이었다. 두 번째 전략은 아티스트들에게 수익을 정당하고 투명하게 분배하는 것이다. 다시 말해 소셜 펀딩으로 자금을 모으는 것은 단지 공정한 방법으로 음악을 만들고 유통하는 시작에 불과할 뿐이라는 것이다. 실제로 대개의 독립 레이블들이 그러하듯, 마이크로컬쳐 역시 아티스트들을 키워내고 그들과 장기적으로 함께 음악을 만들고자 하는 계획을 가지고 있다.

그러므로 마이크로컬쳐는 단순한 소셜 펀딩 사이트가 아니다. 또 이 두 사람은 음악 이외의 다양한 문화 상품을 소셜 펀딩을 통해 개발할 계획을 가지고 있다. 공연이나 만화 제작과 같은 분야들 말이다. 앞으로 얼마 안 있어 네티즌들은 이들이 선정한 독창적이고 유쾌한 문화 상품들을 만나는 즐거움을 누릴 수 있을 것이다.

지속가능한 발전

지속가능한 발전. 요즘 들어 거의 매일 들을 수 있는 말이다. 많은 정치인들이 '지속가능한 발전'이라는 말을 온갖 곳에 끌어다 붙이고 있지 않은가. 좋은 의도든 나쁜 의도든 말이다.

핵무기 확산 문제에서부터 환경 오염 문제에 이르기까지 현대 사회가 마주한 복잡한 문제들을 토론하고 대안을 모색하는 '로마클럽'이라는 국제단체가 있다. 1968년 로마에서 결성된 로마클럽은 세계 53개국의 과학자, 경제학자, 공무원, 기업가 들이 모여 설립했다. 1972년 로마클럽은 한 편의 보고서를 발표했다.

보고서의 제목은 〈성장의 한계(The Limits to Growth)〉였다. 경제 성장만 좇느라 망가져 가는 지구 환경을 다룬 역사상 첫 보고서였다. 보고서는 천연 자원의 양이 한정되어 있기 때문에 영원한 경제 성장이란 불가능하다는 내용을 세계 최초로 다루고 있었다. 이 보고서에서 태어난 개념이 바로 '제로 성장'이다. 제로 성장이란 식량 부족, 인구 과밀, 자원 고갈, 환경 오염 등의 문제들로 인해 어느 순간 성장이 완전히 멈춰 버리고 인류는 큰 혼란을 겪게 될 것이라는 예측이 담긴 개념이다.

같은 해, 스웨덴 스톡홀름에서는 지구 환경 파괴에 대한 대책을 논의하는 최초의 정상 회담인 유엔인간환경회의가 열렸다. 유엔(United Nations)의 주최로 열린 이 회의에서는 산성비를 줄이기 위한 국제적 대책 등이 논의되었고, 이를 계기로 세계 환경의 날이 제정되기도 했다.

그 뒤로 지속가능한 발전을 위한 논의들이 본격적으로 생겨나기 시작했다. 지속가능한 발전에 대한 세계적인 관심은 에코 개발(Ecodevelopment)이라는 개념을 탄생시켰다. 에코 개발은 공정한 경쟁을 통한 경제 발전과 미래 세대를 위한 환경 보호라는 두 가지를 연결하는 개념이다.

그렇다면 현재 우리가 흔히 사용하고 있는 '지속가능한 발전'이라는 용어는 언제 처음으로 등장했을까? 1980년, 세계자연보전연맹(IUCN)은 〈세계 환경 보전 전략(World Conservatino Strategy)〉이라는 제목의 보고서를 발표했다. 바로 이 보고서에서 '지속가능한 발전(Sustainable development)'이라는 개념이 처음 대두되었다.

지속가능한 발전이란 말은 급속도로 퍼져 나갔고 지속가능한 발전은 이제는 전 세계적으로 유행하는 일상적인 개념이 되었다. 학계는 물론 정치 제도에도 지속가능한 발전은 큰 반향을 일으켰다. 실제로 선진국을 중심으로 한 세계 133개국에는 국가지속가능발전위원회(NCSD)가 구성돼 환경을 생각하는 정책을 연구하고 있으며, 한국에도 대통령 자문 기구인 지속가능발전위원회가 2000년에 설립되었다.

노르웨이의 수상이며 세계환경개발위원회(WCED)의 의장인 그로 할렘 브룬틀란트(Gro Harlem Brundtland)은 1987년 발표된 보고서를 통해 지속가능한 발전에 대한 정의를 다시 내렸다. 지속가능한 발전이란 바로 '현 세대의 기본적 필요를 충족시키면서, 미래 세대의 기본적 필요와 발전을 저해하지 않는 개발'을 일컫는다는 것이다.

자, 이제 여러분도 어디에서든 '지속가능한 발전'에 대한 이야기가 나오면 얼마든지 대화가 지속 가능할 것이다.

●연관 키워드

대안 세계화 | 싸구려 고기 | 보보족 | 번아웃 증후군 | 헌장 | 합의 | 퇴비화 화장실 | 협동 | 탈성장 | D.I.Y. 집짓기 | 생태 발자국 | 공정무역 | 거버넌스 | 온실가스 | 그린 태그 | 그린피스 | 그린워싱 | 소유 | 허브 오일 | 주택 | 빨리빨리 | 무한성 | 투자 | 쓰레기 | 킬로와트 | 1901년 법 | 원산지 | 존 뮤어 | 상리 공생 | 자연 농업 | 이의 | 공원 | 독성 | 진보 | 품질 | 재생 가능 에너지 | 체념 | 제6의 대륙 | 사회적 연대 경제 | 소셜 펀딩 | 지속가능한 발전 | 텔레비전 | 헨리 데이비드 소로 | 에너지 전환 운동 | 극단적 자연주의 | 도시 계획 | 여행 | 늑대 | 요거트 | 상업 지구

텔레비전

텔레비전은 이제 현대인의 필수품이다. 처음 발명된 뒤부터 말도 많고 탈도 많았던 물건인 텔레비전! 텔레비전이 우리의 미래를 위협하고 있다.

"세상은 우리에게 믿으라 하네,
행복이란 그저 옷장을 가득 채우는 일뿐이라고."
- 알랭 수숑(Alain Souchon), 〈감상적인 대중(Foules sentimentale)〉 중

고민하라! 토론하라! 투쟁하라! 대화하라! 대립하라! 읽어라!
그런데 무엇을 위해서 그렇게 해야 할까? 잘 모르겠다면 너무
열심히 하지는 마라. 그러다가 어느 날 갑자기 우리 앞에 놓인
현실의 정당성에 의문을 가지게 될지도 모른다.
오늘날 우리가 살고 있는 소비 사회는 우리에게 아무 생각도
하지 말라고 강요한다. 그럴 수밖에 없는 것이 우리가 고민을 시
작하면 이 사회의 기반인 생산-소비 시스템에 대해 의문을 품게
마련이기 때문이다. 그랬다가는 나도 모르게 자본주의 사회를
붕괴시키는 종북 빨갱이의 누명을 쓰게 될는지도 모른다. 그러
니까 얌전히 입 다물고 가만히 있으면 된다.
타조처럼 모래 속에 머리를 처박고 아무것도 못 본 듯 살면 된
다. 우리 주변에도 이렇게 사는 사람들이 항상 있었다. 그들은
이게 다 우리의 삶을 더 편안하고 아름답게 만들기 위한 것이라
고 주장한다. 우리가 이 세상에 대해 아무런 질문도 하지 않는다

는 전제하에 이루어지는 아름다운 세상 말이다. 그런데 아무런 질문도 하지 않는 바보 같은 삶의 태도를 갖게 하는 물건이 하나 있다. 과연 무엇일까?

몇 년 전 프랑스의 텔레비전 퀴즈쇼에서는 이런 문제가 출제됐다. "나는 20세기에 처음 사람들 앞에 나타났습니다. 최근에는 얼굴이 평평해졌지요. 프랑스 사람들은 하루 평균 세 시간씩 내 앞에 모여서 시간을 보냅니다. 나는 누구일까요?" 그렇다. 정답은 바로 텔레비전이다.

텔레비전이 우리를 바보로 만들기 위해 발명된 것은 아니다. 많은 사람이 우리에게는 휴식할 시간이 필요하며, 바로 그럴 때 텔레비전이 좋은 휴식 수단이 될 수 있다고 말한다. 물론 텔레비전이 지식, 문화, 세계관 등을 교육하는 유용한 도구가 될 수 있는 것도 사실이지만 대부분의 방송은 그저 우리의 주의를 끄는 자극적인 내용만을 다루고 있을 뿐이다.

게다가 최근의 여러 연구 결과에 따르면 텔레비전을 많이 보는 사람일수록 우울증 등의 정신과적 문제를 겪는 경우가 많다는 사실이 밝혀지기도 했다. 그러니까 한마디로 텔레비전이 우리 삶을 갉아먹고 우리를 바보로 만들고 있다는 말이다.

1965년, 프랑스의 유명 가수인 레오 페레(Leo Ferre)는 〈디스코라마(Discorama)〉라는 방송에 출연해 진행자와 인터뷰를 나눴다. 인터뷰에서 레오는 텔레비전을 '머리를 먹는 괴물'이라고 정의 내렸다.

그는 실제로 수년 전부터 텔레비전 방송 출연을 거부하고 있다. 머리를 먹힐까 두려웠던 것일까? 그러나 텔레비전은 이미 우리의 거실 안 깊숙이 들어왔다. 소파에 몸을 묻은 채 일어나지 않는다면 텔레비전이 우리의 뇌를 무섭게 갉아먹을지도 모른다.

● 연관 키워드

대안 세계화 | 싸구려 고기 | **보보족** | 번아웃 증후군 | 헌장 | 합의 | 퇴비화 화장실 | 협동 | 탈성장 | D.I.Y. 집짓기 | 생태 발자국 | 공정무역 | 거버넌스 | 온실가스 | 그린 태그 | 그린피스 | **그린워싱** | 소유 | 허브 오일 | 주택 | 빨리빨리 | 무한성 | 투자 | 쓰레기 | 킬로와트 | 1901년 법 | 원산지 | 존 뮤어 | 상리 공생 | 자연 농업 | **이의** | 공원 | 독성 | **진보** | 품질 | 재생 가능 에너지 | 체념 | 제6의 대륙 | 사회적 연대 경제 | 소셜 펀딩 | 지속가능한 발전 | 텔레비전 | 헨리 데이비드 소로 | 에너지 전환 운동 | 극단적 자연주의 | 도시 계획 | 여행 | 늑대 | 요거트 | 상업 지구

헨리 데이비드 소로

지속가능한 발전이 최근 들어 유행하게 되었다고 기쁨에 차 말하는 사람에게 알려 주자. 이미 200년 전부터 지속가능한 발전의 개념을 완전히 이해하고 중요하게 여겨 온 사람이 있었다는 사실을 말이다. 바로 헨리 데이비드 소로가 그런 사람이었다.

Thoreau

미국의 철학자이자 자연주의자이자 시인이었던 소로는 사람들에게 인류 성장의 바탕이 되어 준 자연을 보호하고 고마워해야 할 필요성이 있다고 목소리를 높였다. 소로는 이런 글을 썼다.

"건강하고 총명한 사람들은 오늘 하루도 태양이 무사히 떠오른 것, 이 우주가 온전히 운행되고 있는 것에 항상 감사한다."

소로는 또한 각 개인의 인생관과 가치관에 대해서도 많은 관심을 기울였다. 지금처럼 '더 많이 일해서 더 많이 벌어야 하는' 사회에 사는 우리에게는 이해하기 쉽지 않은 생각이지만 소로는 자신의 책에 이렇게도 썼다.

"자신의 삶 대부분을 생계를 꾸리는 데 소모해 버리는 사람만큼 치명적인 실수를 저지르는 사람도 없을 것이다."

소로는 27세 되던 해 자신의 삶을 통해 빈곤의 경험을 세상에 전하고자 일종의 모험을 감행했다. 소로는 자발적으로 숲 속으로 들어가 2년 동안 세상과 단절된 삶을 보냈고, 이 경험을 《월든》을 통해 상세히 기술했다. 소로는 이 책으로 자연과 함께하는 삶을 찬미했으며 많은 글을 통해 사람들의 영혼을 맑게 채워주었다.

이처럼 소로는 정신적인 충만함에 관심을 갖는 삶을 살았다.

그러나 소로의 관심이 오로지 자연과 영혼에만 머물렀던 것은 아니다. 소로의 저서《시민 불복종》은 사회 변혁에 대한 내용들을 다루고 있다. 특히 이 책은 1960년대부터 1970년대 사이에 다양한 반자본주의 운동가들과 시민 운동가들에 의해 재평가되었는데 그 이유는 소로가 매우 특이하게도 저항과 비폭력이라는 상반된 개념을 연결 짓고 있기 때문이었다.

이 같은 소로의 생각은 간디나 마틴 루터 킹과 같은 혁명적 인물에게 비폭력 저항 운동이라는 새로운 길을 열어 주었다. 소로는 자신의 책에 "내게 주어진 유일한 의무는 내가 옳다고 생각하는 바를 실천으로 옮기는 것이다."라고 썼다. 겉으로 보기에 수동적으로 보일지 몰라도 비폭력 저항이라는 개념은 매우 강력한 신념으로부터 시작되는 것이다.

물론 소로의 주장을 받아들일 준비가 되어 있지 않은 사람들도 있을 것이다. 하지만 그들에게조차도 소로의 사상은 꽤 큰 영향을 끼치고 있다. 이를테면 소로의 사상은 불의와 같은 개념을 정립하는 데에 분명한 영향을 주었다. 불의의 개념은 법에 대한 소로의 저술에 잘 드러나고 있다. 소로는 자신의 책에 법과 불의에 대해 이렇게 썼다. "법은 단 한 번도 사람들을 아주 조금이라도 더 정의롭게 살도록 만든 적이 없다. 그럼에도 사람들은 법을

월든 호수에서의 삶

소로는 어느 날 '자발적 단순함'의 개념을 배척하는 사회에 반대하며 월든 호수 물가에 직접 오두막을 지어 그곳에서 생활하기로 결심했다. 월든 호숫가 근처의 땅은 소로의 절친한 친구이자 인생의 멘토인 랄프 왈도 에머슨(Ralph Waldo Emerson)의 땅이기도 했다. 소로는 월든 호숫가에서 2년여의 시간을 보냈으며, 그 경험을 바탕으로 미국 고전 문학이 된 《월든》을 펴냈다. 이 작품은 소설도, 자서전도 아니지만 자연과 단순한 삶에 대한 경외심과 찬미를 주제로 삼고 있다. 최근에는 지속가능한 삶, 역성장의 가치를 다룬 대표적인 책으로 재평가되어 새로운 의미로 독자에게 다가서고 있다.

경배한다. 그 때문에 선량한 사람들이 불의의 하수인으로 살아
갈 수밖에 없는 것이다."

여러분이 만약 자신이 속한 사회 안에서 불합리하다고 느끼는
것들이 있다면, 도저히 받아들일 수 없는 일들이 일어난다면, 절
대로 거대한 힘에 굴복하는 삶을 살고 싶지 않다면 소로의 글들
을 한번 읽어 보라. 결코 후회하지 않을 것이다.

● 연관 키워드

대안 세계화 | 싸구려 고기 | 보보족 | 번아웃 증후군 | 헌장 | 합의 | 퇴비화 화장실 | 협동 | **탈성장** | D.I.Y.
집짓기 | 생태 발자국 | 공정무역 | 거버넌스 | 온실가스 | 그린 태그 | 그린피스 | 그린워싱 | 소유 | 허브 오
일 | 주택 | 빨리빨리 | **무한성** | 투자 | 쓰레기 | 킬로와트 | 1901년 법 | 원산지 | **존 뮤어** | 상리 공생 | 자연
농업 | 이의 | **공원** | 독성 | 진보 | 품질 | 재생 가능 에너지 | 체념 | 제6의 대륙 | 사회적 연대 경제 | 소셜
펀딩 | **지속가능한 발전** | 텔레비전 | 헨리 데이비드 소로 | 에너지 전환 운동 | 극단적 자연주의 | 도시 계
획 | 여행 | 늑대 | 요거트 | 상업 지구

에너지 전환 운동

경제 위기에 맞서는 것, 기후 변화에 대응하는 것, 석유가 고갈되는 시점을 예측하는 것, 화석 에너지 없이 사는 법을 배우는 것…….

Transition

2005년 롭 홉킨스(Rob Hopkins)는 영국과 아일랜드에서 에너지 전환 운동이라는 새로운 환경 운동을 시작했다. 에너지 전환 운동은 경제 위기에 대응하고, 기후 변화 문제를 해결하기 위해 화석 에너지 없이 살아가는 방법을 연구하고 홍보한다. 이 운동은 현재까지 지속적으로 성장해 이제는 꽤 많은 영향력을 발휘하고 있다.

프랑스의 경우 2011년 8월부터 39개 지방 자치 단체가 프랑스 내 에너지 전환 운동 프로그램에 참여하기로 결정했다. 이 프로그램은 도시나 지역구, 도서 지역 등 다양한 지역의 주민들이 석유 고갈과 기후 변화 그리고 그것들로 인한 궁극적인 변화를 제대로 인식할 수 있게 교육하는 일을 포함한다.

지금처럼 석유를 마구 사용한다면 빠른 시일 내에 석유는 지구 상에서 자취를 감추게 될 수도 있다. 석유가 고갈되면 인류의 삶은 어떻게 변하게 될까?

에너지 전환 운동은 화석 에너지 이후의 시대를 살아가는 방법을 고민하는 것에서 출발했다. 에너지 전환 운동은 지역 농산물 거래에 큰 관심을 기울인다. 지역에서 나는 상품을 이용하면 지역 주민들 개개인의 필요를 채우는 동시에 지역 사회의 경제에도 실질적인 이익이 된다. 또한 상품 운송에 드는 화석 에너지의 사용이 줄어들기 때문에 환경에도 좋은 영향을 줄 수 있다. 한 사람이 지역 상품을 쓰는 일은 별 것 아닐 수 있지만 모두가 함께하면 꽤 큰 효과를 볼 수 있다. 따라서 에너지 전환 운동은 시민들 개개인이 공동의 목표를 위해 협력하는 것이 가장 중요하다.

지금까지의 삶에서 벗어나 새로운 방식으로 살아가는 일은 모든 영역에서의 전환이 필요한 일이다. 지역 사회의 노력, 환경 단체의 적극적 활동, 시민들의 연대와 같은 여러 분야의 노력으로부터 전환은 시작된다.

그러나 이러한 전환이 자원이나 돈이 필요 없는 판타지 세계를 구축하자는 것은 아니다. 오히려 현실적인 필요를 채우며 자원을 계획적으로 사용하는 새로운 경제 방식을 구축하는 것에 가깝다. 또한 에너지 전환 운동은 우리의 활동 반경을 재지역화(Relocalization)해 지역 사회 안에서의 유대를 만들어 주며, 석유 자원 시대 이후의 지역 공동체를 준비할 수 있게 도와준다. 우리가 사는 망가진 삶의 터전을 치유할 수 있고, 세계화 속에서의 개인의 고립을 이겨 낼 수 있으며, 구성원 각자의 자율성을 길러주는 지역 공동체 말이다.

에너지 전환 운동의 핵심은 인간 사회가 위기에 대응하는 능력, 즉 자원이 고갈되었을 때에 무너지지 않을 수 있는 능력을 길러 내는 것이다. 생각을 나누고, 연대하고, 공유하며, 계획을 구체적으로 적용하고 실천하는 에너지 전환 운동은 석유 고갈로 고민하고 있는 세계에 흥미로운 대안을 제시할 수 있을 것이다. 자, 우리 모두 다 같이 에너지 전환 운동에 참여해 보는 것은 어떨까?

●연관 키워드

대안 세계화 | 싸구려 고기 | 보보족 | 번아웃 증후군 | 헌장 | 합의 | 퇴비화 화장실 | 협동 | 탈성장 | D.I.Y. 집짓기 | 생태 발자국 | 공정무역 | 거버넌스 | 온실가스 | 그린 태그 | 그린피스 | 그린워싱 | 소유 | 허브 오일 | 주택 | 빨리빨리 | 무한성 | 투자 | 쓰레기 | 킬로와트 | 1901년 법 | 원산지 | 존 뮤어 | 상리 공생 | 자연 농업 | 이의 | 공원 | 독성 | 진보 | 품질 | 재생 가능 에너지 | 체념 | 제6의 대륙 | 사회적 연대 경제 | 소셜 펀딩 | 지속가능한 발전 | 텔레비전 | 헨리 데이비드 소로 | 에너지 전환 운동 | 극단적 자연주의 | 도시 계획 | 여행 | 늑대 | 요거트 | 상업 지구

극단적 자연주의

자연을 사랑하고 유기농 식품을 애용하는 건 좋다. 그러나 모든 것은 과유불급이라 했다.

처음에는 다른 마트와 별반 다를 게 없어 보였다. 나는 가만히 입구로 들어가 식품 코너로 발길을 옮겼다. 봉투에 빨간 렌틸콩을 담으려는데 너무 많이 넣는 바람에 몇 알이 떨어져 바닥에 구르기 시작했다. 내 앞에는 한 여직원이 '뭐하는 녀석이야?'라는 느낌의 기분 나쁜 미소를 띠고 서 있다. 약간 기분이 나빴지만 그런 기색을 드러내지는 않았다. 나는 여기 처음 온 사람이 아닌가. 어쩌면 내게는 설명서가 필요했는지도 모른다. 처음부터 뭐든지 잘할 수 있는 것은 아니지 않은가.

그 직원은 줄곧 같은 자리에 서 있었고, 나는 그녀에게 육류 코너가 어디에 있는지 물었다. 다진 고기가 필요했기 때문이다. 직원은 나를 불쾌한 눈빛으로 뚫어져라 쳐다보더니 "저쪽이요."라고 말했다. 나는 떨떠름한 기분으로 직원이 가리킨 곳으로 가 진열되어 있는 세 팩의 다진 고기를 내려다보았다. 그런데 어느 순간 그 직원이 내 등 뒤에 서 있었다.

그때부터 나는 진심으로 화가 나기 시작했다. 직원은 이렇게 말했다. "저기요, 제가 고기를 안 먹어 보니까 그제야 음식의 맛을 알 수 있게 되더라고요." 대체 무슨 참견이란 말인가?

돌아서려는 찰나 그녀는 내 코앞에 당근이 잔뜩 든 상자를 들이밀었다. 하마터면 내 발이 밟힐 뻔했다. 이 얼마나 극단적인 사람이란 말인가!

들어와선 안 될 곳에 들어 온 기분이 되었다. 당장 이곳에서 나가기로 결심했다. 어떻게 보면 쫓겨나는 셈이었다. 처음에 이 곳에 들어올 때는 아주 좋은 기분이었는데 말이다. 그녀는 내 뒤를 졸졸 따라다녔다. 꼭 내가 가게 안에서 뭐라도 슬쩍하는 것은 아닌지 의심하는 것 같았다.

나는 서둘러 출구로 향했다. 출구에 거의 다다랐을 때 샴푸 코너가 나타났다. 나는 비듬 때문에 고민하고 있었기 때문에 잠깐 눈길을 주었다. 때마침 또 다른 여직원이 나타나서는 나를 붙잡아 세웠다. 직원은 자작나무 추출물이 왜 머릿결에 좋은지 설명하는 데 열을 올렸다. 직원의 머릿결은 심각하게 손상된 데다가 잔뜩 기름져 있었는데, 자신도 그 제품을 매일 사용한다고 겁도 없이 말했다. 나는 밖으로 뛰다시피 빠져나갔다. 그 뒤로 나는 유기농에 진절머리을 내게 되었다. 그때 생긴 '유기농 트라우마'를 이겨 내려고 애쓰고 있지만 좀처럼 쉽지가 않다.

도시 계획

월요일 아침 작문 시간이 되었다. 선생님이 칠판에 작문 주제를
적어 내려가기 시작했다. 주제는 도시 계획. 창백하게 질려 가는
여러분의 얼굴이 눈앞에 아른거린다.

"미래의 도시는 어떤 모습이 될지 상상해 볼까요? 최첨단 건물과 온갖 동식물이 조화를 이루고, 도심 속에 논밭이 생겨날 수도 있지요. 자전거, 대중교통, 승용차가 함께 도로를 달리는 모습을 상상해 보세요. '다 함께 잘 사는 세상'이란 어떤 모습일까요? 구체적인 모습을 그려 봅시다. 또 생태 마을(Ecovillage)의 개념을 각자 정의하고, 지속가능한 발전과 관련지어서 이상적 도시를 만들기 위해 갖춰야 할 점을 생각해 봐요."

여러분의 이마 위로 식은땀이 흐르고 있다! 게다가 지난 수업 시간에 선생님이 도시 계획에 대해 설명할 때 여러분은 수업을 제대로 듣지 못했다. 좋아하는 짝꿍 얼굴만 쳐다보느라 수업에 집중할 여유가 없었던 것이다. 뭐, 선생님이 따발총처럼 쉴 새 없이 말하는 통에 귀를 틀어막은 거였다면 완전히 여러분만의 잘못은 아니지만 말이다.

자, 여러분을 작문의 고통에서 구해 줄 몇 가지 해결책이 있다. 이렇게 글을 작성해 보자.

첫 부분에는 도시와 자연이 어떻게 조화를 이룰 수 있을지에 대해 써 보자. 도시와 자연이 조화를 이룬다니 조금 모순적으로 들릴 수도 있겠다. 하지만 공동체 주택 건설이나, 건물 옥상 녹화 사업, 도심 속 농장 조성, 시민들이 자발적으로 참여해 의사 결정을 할 수 있는 회의 공간 등을 만든다면 도시와 자연도 충분히 조화를 이룰 수 있다.

그다음에는 앞서 언급한 도시와 자연이 조화를 이루는 방법이 가진 한계점에 대해 이야기하자. 일례로 공동체 주택에 거주하는 사람들은 빈부 격차에 따른 혼란을 겪을 수 있다. 계층이 다른 사람끼리 한데 뒤섞이면서 경험하게 될 수 있는 문제점들에 대해 충분히 고민하고 글을 쓴다면 좋은 글이 될 것이다. 공동 거주 형태에서 발생할 수 있는 또 다른 문제로는 사적인 공간의 침해 문제도 생각해 볼 수 있다. 어떤 이웃이 밤 9시가 넘은 시각에 우리 집 초인종을 누른다. 문을 열었더니 혹시 먹을 만한 것이 있느냐고 묻는 것이다. 사람에 따라서 이런 생활에 진절머리를 내는 경우도 있을 것이다.

자, 그럼 결론은 어떻게 낼까? 마지막은 이렇게 정리하자. 몇 년 전부터 이미 도시와 자연이 조화된 형태의 공동체를 실현해 온 해외의 사례를 소개하는 것이다. 독일 남부 프라이부르크 지역의 '보봉 생태 마을'은 공동체 주거 환경을 통해 도시 속에서 자연을 보호하며 조화롭게 살고 있는 아주 좋은 사례다. 이 마을을 예로 들어 더 나은 미래를 만들기 위해 필요한 것은 무엇인지 생각해 볼 수 있도록 글을 맺으면 훌륭한 글이 될 것이다.

자, 이것으로 여러분을 난관에서 구해 냈다. 동의할 것이라 믿는다. 하지만 다음번에는 수업 시간에 공상에 잠기기보다 필기

를 하는 것이 좋겠다. 그것만으로도 이런 고생을 피할 수 있을
테니까.

●연관 키워드

여행

일상에 지쳐 힘들 때면 어디론가 훌쩍 떠나고 싶어진다. 그런데 좀
더 친환경적인 여행도 가능할까?

여행이란 역시 좋구나!

?

Voyage

연속극 〈그린 러브〉

제 8화 – 자전거 여행

촬영지 – 야외 세트, 밤, 시내 거리에서

리안 여행 가는 거야?

가에탕 응. 전부 네 덕분이야. 바네사랑 나는 이제 떼려야 뗄 수 없는 사이가 되었어.

리안 오래된 화산 아래에 바람의 양탄자, 날개를 달아 줘요. 여행, 여행, 영원히 여행해요.

가에탕 갑자기 무슨 말이야?

리안 우리 엄마가 즐겨 부르시던 노래 가사야. 내가 어릴 때 늘 이 노래를 불러 주셨거든. 미안. 아무튼 네 여행 말이야. 최소한 태국 정도는 가는 거겠지?

가에탕 아니. 해변이나 리조트, 이런 곳은 아무 데도 안 갈 거야. 미리 짜 놓은 계획대로 최대한 환경에 영향을 미치지 않는 선에서 여행할 거거든. 자전거랑 텐트를 가지고 갈 거야.

리안 와, 우리 가에탕 씨가 이제는 운동 선수가 다 되었구나. 바네사의 영향력이 정말 어마어마하다! 일 년 전만 해도 소파에서 엉덩이 떼는 것조차 싫어했잖아. 냉장고로 음료수 가지러 갈 때만 빼고 말이야.

가에탕 그랬지. 그렇지만 생각을 고치지 않고 고집 부리는 건 바보들이나 하는 짓이더라고. 이번 여행에서는 낯선 사람들과의 만남도 기대하고 있어. 나중에는 더 높은 차원의 여행을 해 보고 싶어. 바네사랑 같이 국제환경기구 활동에 자원봉사하러 간다거나 하는 식으로 말이야.

리안 멋지다! 아마 빠른 시일 내에 공해를 일으키지 않으면서도 원거리 여행을 할 수 있는 해결책이 나올 거야.

가에탕 어떤 건데?

리안 너 '텔레포트' 들어 봤지? 순간 이동 말이야.

가에탕 그래, 영화 〈스타트렉〉에서 보긴 했는데……. 너 무슨 소리를 하는 거야?

리안 내가 그 텔레포트에 대한 엄청난 뉴스를 읽었거든. 농담이 아니고 진짜로 순간 이동에 대한 연구들이 진지하게 이뤄지고 있대. 이게 개발되면 환경 문제 해결에 엄청난 도움을 줄 거야.

가에탕 야, 너 열이라도 나는 거 아니야? 저녁에 목욕할 때 욕조에 유칼립투스 오일을 열 방울 정도 떨어뜨리고 들어가. 그럼 좀 나아질 거야. 아니면 페이스북에 개설된 '순간 이동 발명을 기대하는 사람들' 같은 페이지에 가입하거나.

리안 두고 봐. 머지않아 지금까지의 교통수단을 이용할 필요가 아예 사라지게 될 테니까. 환경 오염도 끝나게 될 거라고! 이미 홀로그램 기술 같은 건 다 실현되었는걸. 2008년에 아부다비에서 세계미래에너지정상회의(WFES)가 열렸을 때, 영국 찰스 왕세자가 영국을 떠나지 않고도 홀로그램으로 연설을 했잖아.

가에탕 꿈이야 못 꿀 이유가 없지. 아무튼 나는 내일모레 바네사랑 자전거 여행을 다녀올게. 나한테는 그게 더 현실적인 것 같아.

리안 그래. 여행 잘 다녀와!

●**연관 키워드**

대안 세계화 | 싸구려 고기 | **보보족** | 번아웃 증후군 | 헌장 | 합의 | 퇴비화 화장실 | 협동 | 탈성장 | D.I.Y. 집짓기 | 생태 발자국 | 공정무역 | 거버넌스 | **온실가스** | 그린 태그 | 그린피스 | 그린워싱 | 소유 | 허브 오일 | 주택 | 빨리빨리 | 무한성 | 투자 | 쓰레기 | 킬로와트 | 1901년 법 | 원산지 | 존 뮤어 | 상리 공생 | 자연 농업 | 이의 | 공원 | 독성 | 진보 | 품질 | **재생 가능 에너지** | 체념 | 제6의 대륙 | 사회적 연대 경제 | 소셜 펀딩 | 지속가능한 발전 | 텔레비전 | 헨리 데이비드 소로 | **에너지 전환 운동** | **극단적 자연주의** | 도시 계획 | 여행 | 늑대 | 요거트 | 상업 지구

늑대

늑대는 옛날부터 민가에 내려와 해를 끼치는 무서운 존재로 인식되어 왔다. 그런데 영국의 철학자 토마스 홉스는 "인간은 모든 인간에 대해 늑대다." 라는 말을 남겼다.

Wolf

"안심하라! 지구는 잘 굴러갈 것이다. 우리가 지구에 무슨 짓을 하든 지구는 계속해서 태양의 주변을 돌 것이다. 지난 50억 년 동안 그래 왔으니까."

프랑스의 시인 레오 페레(Léo Ferré)가 이렇게 말했다. 지구는 개인의 비극에는 관심이 없다. 인간은 지구라는 행성을 망가뜨리고 있는 것이 아니다. 그저 자신들이 먹고 자고 생활하는 환경을 파괴하고 있는 것이다. 우리를 둘러싼 환경은 생각보다 빠르게 파괴되고 있다. 영화 〈투모로우(2004)〉를 본 적이 있는가? 이 영화에서는 기상이변으로 인해 온 세상이 얼어붙는다. 영화 속 이야기일 뿐이라고? 현실은 더 심각하다. 만약 지금과 같은 기세로 지구 환경이 파괴되어 간다면 영화 〈투모로우(2004)〉의 끔찍한 장면들은 새 발의 피일 뿐이다.

"인간은 모든 인간에 대해 늑대다." 1651년 영국의 철학자 토마스 홉스(Thomas Hobbes)가 말했다. 자연 상태의 인간은 자신의 생존을 위해 서로에게 잔인한 일도 저지를 수 있다고 본 것이다. 홉스는 국가가 이러한 인간의 선천적인 잔인성을 완화하는 역할을 해야 한다고 생각했다. 그런데 홉스의 생각이 과연 옳았을까? 인간의 특성을 설명하는 데에는 홉스의 생각만으로 충분하지 않다. 오늘날에는 분명히 수많은 자칭 '선진국'들이 있고, 선진국 정부들은 매우 잘 조직된 사회를 운영하고 있다. 또한 이러한 사회 안에는 이웃에게 '해'를 끼치지 않도록 정한 규칙과 정책, 법이 존재한다.

하지만 홉스의 생각과는 달리 인간은 잘 조직된 국가 체제 아래에서도 '동족'에게 피해를 끼치고 있다. 겉보기에는 그렇지 않은 것처럼 보이지만 말이다. 현재 우리 인간은 꼭 필요한 양 이상으로 많은 자원을 소비하고 있다. 미래 세대가 살아갈 세상에 대해서는 완전히 잊어버린 채 자원을 최대한 뽑아 사용하고 있다. 비겁한 개인들이 태어나지도 않은 다음 세대의 무덤을 파고 있는 셈이다.

많은 과학자들이 인류가 멸종 위기에 처해 있다고 경고한다. 프랑스 국립과학연구소(CNRS)의 사이트에 연재되는 온라인 과학 간행물 〈사가사이언스(Sagascience)〉에는 다음과 같은 특집 기사가 실렸다. "화석 연대 추정을 통해 우리는 과거 생물종들의 번성기와 멸종 시기를 알 수 있다. 38억 년 전 지구에 생명이 처음으로 생겨난 이래 지구는 다섯 번의 큰 멸종 위기를 겪었다. 그런데 많은 과학자가 우리가 6번째 위기의 시대를 살고 있다고 보고 있다. 또한 이 위기는 인류(호모사피엔스사피엔스)의 활동으로 환경이 파괴되었기 때문이라고 보고 있다."

프랑스의 시인 레오 페레의 말처럼 지구는 잘 굴러갈 것이다. 그러니까 환경 문제에 아주 민감한 척, 선량한 사람인 척, 위선의 가면을 쓰지 않아도 괜찮다. 정작 우리가 미안하게 생각해야 할 존재들은 우리 때문에 사라져 가는 지구 상의 다른 생명들이다. 지구는 몇 번의 위기를 거치면서도 지금껏 유지되어 왔지만 다른 생명들은 그렇지 않다. 게다가 그들이 병들면 인류도 함께 병든다. 정말로 멸종 위기를 가져온 늑대가 되고 싶지 않다면 다시 한 번 생각해 볼 문제다.

● 연관 키워드

대안 세계화 | 싸구려 고기 | 보보족 | 번아웃 증후군 | 헌장 | 합의 | 퇴비화 화장실 | 협동 | 탈성장 | D.I.Y. 집짓기 | 생태 발자국 | 공정무역 | 거버넌스 | 온실가스 | 그린 태그 | 그린피스 | 그린워싱 | 소유 | 허브 오일 | 주택 | 빨리빨리 | 무한성 | 투자 | 쓰레기 | 킬로와트 | 1901년 법 | 원산지 | 존 뮤어 | 상리 공생 | 자연 농업 | 이의 | 공원 | 독성 | 진보 | 품질 | 재생 가능 에너지 | 체념 | 제6의 대륙 | 사회적 연대 경제 | 소셜 펀딩 | 지속가능한 발전 | 텔레비전 | 헨리 데이비드 소로 | 에너지 전환 운동 | 극단적 자연주의 | 도시 계획 | 여행 | 늑대 | 요거트 | 상업 지구

요거트

Yogurt

어느 날 대형 마트에 요거트를 사러 갔다. 그런데 포장지를 사러
간 건지 요거트를 사러 간 건지 도저히 분간이 안 간다.

Yogurt

대형 마트 사장님은 아직도 충격에서 벗어나지 못하고 있다. 다행히도 유제품 코너를 습격했던 그 이상한 사람이 붙잡혀서 최악의 상황은 면할 수 있었다. 남자는 가게에 있는 모든 요거트를 꺼내 불필요한 포장지를 다 뜯어 버리고 있었다. 몇 분 후 매장 직원이 제지하러 올 때까지 말이다. 어떤 사람들은 카트를 끌고 가다가 바닥에 떨어진 포장지를 밟고 미끄러져 다치기까지 했다.

남자는 돌연 구경하러 모인 사람들을 향해 연설을 늘어놓았다. 예상치도 못한 메시지였다. "이제 모두 멈춰야 할 때입니다! 왜 이런 과대 포장된 상품을 군말 없이 돈을 내고 사는 거죠? 저를 따라해 보세요. 다 이렇게 해 버리자고요!" 소리 지르는 남자 주변으로 사람들이 모여들었고, 그가 하는 얘기에 귀를 기울이기 시작했다. 사람들은 자신이 요거트를 살 때, 일 년간 평균 20킬로그램의 포장지를 함께 구입한다는 사실을 듣고 깜짝 놀랐다. 남자는 그 정도 양이면 떠먹는 요거트 160개에 해당하는 무게며, 다시 말해서 8개들이 요거트 20묶음을 사서 그냥 버리는 것이나 마찬가지라고 말했다. 이쯤 되면 요거트는 과대 포장계의 제왕이나 다름없을지 모른다.

나는 운좋게도 요거트 과대 포장에 반대하는 남자가 잡혀가기 전에 그가 오늘 벌인 행동에 대해 직접 물어볼 기회가 있었다. 남자는 자신이 엄청난 속도로 성장하고 있는 어떤 단체의 회원이라고 했다. "우리는 전체 인원이 수만 명에 달하는 큰 조직이에요. 특히 이런 문제에 대해 관심이 많습니다. 당신도 알아야 해요. 소비자는 과대 포장에도 돈을 내고 있어요. 그렇게 어쩔 수 없이 산 포장지의 분리수거도 소비자가 알아서 해야 하지요. 이상하지 않습니까? 소비자는 과대 포장을 요구하지 않았는데 말이에요. 가장 나쁜 건 기업들이 내용물보다는 포장지를 이용해 돈을 벌려고 한다는 것이죠. 요거트는 상징적인 예일 뿐이에요. 마트에서 판매되는 모든 제품이 다 똑같은 상황이에요. 아직도 가야 할 길이 멉니다. 절 믿어 보세요. 유행이란 참 무서워요. 한순간에 '짜먹는 음료' 따위가 기하급수적으로 늘어나는 걸보세요. 무섭지 않으세요?"

물론 이 남자의 행동은 놀랄 만한 일이었지만 덕분에 나도 많은 생각을 하게 됐다. 이제는 요거트를 예전과 같은 눈으로 쳐다볼 수 없을 것 같다.

●연관 키워드

대안 세계화 | 싸구려 고기 | **보보족** | 번아웃 증후군 | 헌장 | 합의 | 퇴비화 화장실 | 협동 | 탈성장 | D.I.Y. 집짓기 | **생태 발자국** | 공정무역 | 거버넌스 | 온실가스 | 그린 태그 | **그린피스** | 그린워싱 | 소유 | 허브 오일 | 주택 | 빨리빨리 | 무한성 | 투자 | **쓰레기** | 킬로와트 | 1901년법 | 원산지 | 존 뮤어 | 상리 공생 | 자연 농업 | 이의 | 공원 | 독성 | 진보 | 품질 | 재생 가능 에너지 | 체념 | 제6의 대륙 | 사회적 연대 경제 | 소셜 펀딩 | 지속가능한 발전 | 텔레비전 | 헨리 데이비드 소로 | 에너지 전환 운동 | 극단적 자연주의 | 도시계획 | 여행 | 늑대 | 요거트 | 상업 지구

상업 지구

Zone of commercial

도심에는 언제나 수많은 옥외 간판들이 번쩍번쩍 빛을 발하고 있다. 언제나 어디서나! 심지어 가게가 문을 닫아도 말이다.

도시가 발달하면 도시의 상권은 점점 늘어나기 마련이다. 그런데 상업 지구가 발달하면 밤새 번쩍이는 네온사인 간판이 꼭 등장한다. 요즘에는 사람의 왕래가 많은 상업 지구뿐만이 아니라 사람이 거의 살지 않는 지역까지도 번쩍거리는 간판이 일상적으로 설치된다. 마치 빛나는 간판들이 밤이 오지 못하게 어둠을 가로막는 것 같다. 참 흥미로운 현상이다. 도대체 왜 어두워야 할 밤이 대낮처럼 환하게 변한 것일까?

간판이나 광고판을 설치하는 목적은 사람들에게 이 장소에 물건을 파는 가게가 있다는 것을 기억시키기 위해서다. 그런데 점차 가게들이 늘어나면서 서로 판매 경쟁을 하게 되었고, 다른 곳보다 눈에 띄는 가게를 만드는 것이 매상에 큰 영향을 주게 되었다. 가게 주인들은 화려하고 밝은 조명의 간판을 내다 걸기 시작했고 그로 인해 우리의 밤은 대낮처럼 밝아졌다.

가게 주인들은 손님의 눈길을 잡기 위해 더 밝은 간판을 다는 일을 멈춰야 한다. 이대로 밝은 간판을 경쟁적으로 내다 거는 문화를 바꾸지 않는다면 오히려 역효과를 볼 수 있다. 밤거리에 공격적으로 빛나는 간판들은 밤에 운전하는 차량 운전자들의 망막을 손상시킬 우려가 크다. 만약 그런 문제가 계속된다면 가게

주인들도 실질적인 광고 효과를 거두기는 힘들 것이다.

잃어버린 밤의 '어두움'을 되찾기 위해서 이제는 우리가 뭉쳐야 할 때다. 지금과 같은 백야(白夜)가 계속되어서는 곤란하다. 사람이 건강한 삶을 살기 위해서는 칠흑같이 깜깜한 밤이 하루에 몇 시간 정도는 꼭 필요하다. 이제는 밤의 의미를 되찾아야 한다. 우리 안에 잠들어 버린 까만 밤이라는 존재를 깨워 내야 한다. 깜깜한 밤 속에서 몇 시간 동안 고양이, 박쥐, 올빼미가 되어 보자. 그러다 보면 프랑스의 극작가 피에르 코르네유(Pierre Corneille)가 말한 '별에서 쏟아지는 어두운 빛'을 느끼게 될지도 모른다. 혹시 어둠을 원하지 않는 사람이 있대도 그 시간 동안 잠을 자면 간단하게 해결될 일이다. 아무튼 건강을 위해서도 지구 환경을 위해서도 지나치게 번뜩이는 광고판의 불을 끌 필요가 있다.

세계 각국에서는 "방을 나갈 때는 불을 끕시다. 생활 속 간단한 실천입니다."라는 캠페인을 진행 중이다. 또한 해마다 세계자연기금(WWF)이 개최하는 '어스 아워(Earth Hour)' 행사에 전 세계 130여 개국에 사는 수억 명의 사람들이 동참하고 있다. 어스 아워란 지속가능한 지구의 미래를 위해 60분 동안 전깃불을 켜지 않는 것이다.

우리는 이런 캠페인에서 많은 것을 배울 수 있다. 불필요한 광고 조명을 끄는 작은 실천 하나가 지구를 더 건강한 곳으로 만들 수 있다. 그렇게 멀리까지 갈 필요도 없겠다. 안 쓰는 전구는 그때그때 꼭 끄자! 나부터 먼저 실천할 때 세상은 좀 더 아름다워지는 법이다.

퀴즈

각 문제에는 답이 여러 개 있을 수 있다. 정답은 1점, 답을 모를 때는 0점, 틀리면 1점을 빼자. 공정하게 채점해야 한다!

01 로커보어 운동이란?
① 음식을 받으면 그 자리에서 다 먹자는 운동
② 화석 에너지를 아껴 사용하자는 운동
③ 지역 생산품을 주로 이용하자는 운동
④ 낡은 옷을 태워 버리자는 운동

02 석기 시대 인류의 하루 노동 시간은?
① 15시간
② 12시간
③ 7시간
④ 2시간

03 다음 단어 중 다른 단어들과 어울리지 않는 것은?
① 개인주의
② 소비
③ 연대
④ 자본주의

04 다음 단어 중 다른 단어들과 어울리지 않는 것은?
① 나눔
② 상호부조
③ 협동
④ 자본주의

05 전 세계 사람들이 유럽 사람들만큼 자원을 쓴다면 지구는 몇 개 필요할까?
① 1개
② 2개
③ 3개
④ 4개

06 다음중 친환경적 의류에 사용되는 원단이 아닌 것은?
① 린넨
② 쐐기풀
③ 폴리에스테르
④ 캔버스

07 두통을 완화하는 데 좋은 허브 오일은 무엇인가?
① 일랑일랑
② 페퍼민트
③ 유칼립투스
③ 로만 카모마일

08 마이크로크레딧이란?
① 컴퓨터를 사기 위한 대출
② 빈곤층을 위한 소액 대출
③ 개인 사업을 위한 대출
④ 소비하기 위한 대출

09 르네 뒤보는 누구인가?

① 프랑스의 농학자
② 1974년 대선에 출마한 첫 환경주의자 후보
③ 에디트 피아프가 부른 샹송 〈후회 안 해〉의 작곡가
④ 《참을 수 없는 세계 자유주의》의 저자

10 벨폼므(Belpomme) 박사는 암 발생 원인을 연구했다. 그중 환경 파괴로 인한 암 발생 비율은?

① 10%
② 20%
③ 50%
④ 80%

11 사과 하나가 상품화되어 나오기까지 평균적으로 거치는 화학 처리 횟수는?

① 0번
② 5번
③ 10번
④ 27번

12 다음 중 슬로푸드 협회가 장려하는 것은?

① 달팽이 요리
② 음식과 농업에 대한 호기심 어린 태도, 미식을 즐기는 태도, 책임 있는 태도
③ 패스트푸드
④ 태양열로 요리한 음식

13 제6의 대륙이란?

① 총 면적 343만제곱킬로미터에 달하는 바다에 떠 있는 거대한 플라스틱 덩어리
② 심각한 대기 오염 물질이 모여서 탄생한 거대한 구름
③ 아프리카 신화에 등장하는 상상 속의 대륙
④ 지구 온난화로 점점 가라앉고 있는 인도의 작은 섬

정답

1. ③ 2. ④ 3. ③ 4. ④ 5. ④ 6. ③ 7. ② 8. ② 9. ① 10. ④ 11. ④ 12. ② 13. ①

-13~-1점
지구 환경을 좀 더 아껴야 해요!

0~5점
더 노력하면 훌륭한 환경주의자가 될 수 있어요.

6~13점
지속가능한 발전을 이룬다면 모두 당신 덕분이에요!

　화장실을 사용하고 난 뒤에 깜박하고 불을 끄지 않은 일이 있는가? 아마 누구라도 한 번쯤은 그런 실수를 한 적이 있을 것이다. 그럴 때면 으레 가족 중 누군가가 잔소리를 하게 마련이다. "아니, 너는 부끄럽지도 않니? 세상 사람들이 전부 너처럼 한다고 생각해 봐. 어렵지도 않은 일이잖아!"

　귀찮기도 하고, 억울하기도 하고, 별 것 아닌 일로 호들갑을 떤다고 생각했을지도 모르겠다. 하지만 이런 별 것 아닌 행동들이 모여야 큰 변화를 이루어 낼 수 있다. 앞서 살펴보았듯이 지속가능한 발전이란 생활 전반의 작은 변화들이 모여 '더 큰 변화'를 만들고, 그러한 변화가 지속될 때 가능한 것이다. 결코 누구 한 사람의 노력만으로 이루어지는 마법이 아니다.

　우리는 더 많이 소비하고, 더 많이 생산하며, 더 많이 일해서, 더 많이 벌고, 더 빠르게 살고, 더, 더, 더 원하는 삶을 살고 있다. 내가 원한 삶은 그런 게 아니라고? 우리가 원하지 않아도 자본주의 체제는 우리를 마치 거대한 기계의 부속품처럼 쉴 새 없이 달리게 한다. 이 끝없는 돌림 노래 같은 삶은 궁극적으로 무엇을 위한 것일까?

　언론에서는 소비가 줄어들면 경제가 어려워진다고 떠든다. 그런데 다시 곱씹어 생각해 보면 참으로 이상한 말이 아닐 수 없다. 왜 모든 사람이 필요하지도 않은 물건을 계속해서 사들여야 한단 말인가?

이 책은 지속가능한 발전을 주제로 '더 나은 세상이란 무엇인가?'라는 질문에 대답하기 위해 만들어졌다. 지속가능한 발전을 위한 일들을 다양한 시선으로 조명하고 대안을 제시하기 위해 애썼다. 실제로 여러분은 이 책을 읽는 동안 지속가능한 발전이 단지 환경 문제만이 아니라, 사회, 경제, 도덕 등 여러 분야를 아우를 수 있다는 사실을 깨닫게 되었을 것이다. 이 책에서 말하는 또 다른 세상의 개념을 잘 이해했다면 인류와 인류를 둘러싼 모든 것들이 어떻게 조화를 이루어야 할지 그 비전을 발견할 수 있을 것이다.

이 책이 말하는 또 다른 세상이란 완벽한 세상을 가리키는 것이 아니다. 단지 우리의 터전인 자연을 지키기 위해 알아야 할 기본 원칙들이 무엇인지 그리고 그 끝에 어떤 세상이 기다리고 있는지 독자들과 함께 그려 보고 싶었다. 나는 개인의 작은 관심과 열정이 변화의 원동력이 될 거라고 확신한다. 티끌 하나에도 의미가 있다. 이 세상에 의미 없는 일은 단 하나도 없다.

자, 이제 우리가 해야 할 일은 명확하다. 더 조화된 삶, 균형을 갖춘 삶을 찾아서 지금까지와는 다른 삶을 살아가는 것이다.

청소년 지식수다6
경제 성장이라는 괴물

실비 뮈니글리에 · 브누아 브로이야르 지음 | 김보희 옮김 | 윤순진 감수

초판 인쇄일 2015년 6월 25일 | 초판 발행일 2015년 6월 30일
펴낸이 조기룡 | 펴낸곳 내인생의책 | 등록번호 제10-2315호
주소 서울시 강서구 가양동 52-7 강서 한강자이타워 A동 306호
전화 (02)335-0449, 335-0445(편집) | 팩스 (02)6499-1165
전자우편 bookinmylife@naver.com | 카페 http://cafe.naver.com/thebookinmylife
편집장 이은아 | 편집 강성구 조정우 이다겸 김예지
디자인 안나영 김지혜 | 경영지원 김지연 | 마케팅 김정삼

ISBN 979-11-5723-185-0 44300
ISBN 978-89-97980-93-2 44300(세트)

이 도서의 국립중앙도서관 출판시도서목록(CIP)은 서지정보유통지원시스템 홈페이지(http://seoji.nl.go.kr)와
국가자료공동목록시스템(http://www.nl.go.kr/kolisnet)에서 이용하실 수 있습니다.
(CIP제어번호: CIP2015016888)
책값은 뒤표지에 있습니다. 잘못된 책은 구입처에서 바꾸어 드립니다.